現役ママ10名による
横から目線の育児本

2歳児サバイバルライフ

2歳児の子育てを楽しむ本制作委員会
With 太白区育児サークル応援隊たい子さん

2歳児を子育て中の皆さん!

毎日大変ですよね!!

この本は「2歳児の子育てが少しでも楽になるヒントが欲しい!」
という願いから作られたママによるママのための
"横から目線の育児本"です。

サバイバルのような毎日を生き抜く
子育て術としてお役に立てたら
嬉しいです。

本書のねらい

漫画：志乃

イラスト：Ranko.n

CONTENTS

2歳児を子育て中の皆さん！ 2
こんなママたちが作りました 8
代表からごあいさつ 9
本書の見方 10

第1章　2歳児リアル

2歳児『お困りごと』チェックリスト 12
みんなも困ってるんだ！リアルランキング 14
こんなアンケートをしました！ 16

自立心

自分でやりたがる・できないことをやると言う　**17**
反対のことを言う・言うことをきかない **19**
できないと癇癪 **21**

< 2歳児の子育てを楽しむ講座ルポ >　　**Report**
「2歳のときに育みたいもの」 **22**

自分でやると遅い・汚い **23**

自己主張

「欲しい」「やりたい」とごねる **25**
遊びから帰りたがらない **27**
わがままを言う（自己中心的な欲求） **29**
口ごたえをする **30**
他の子とケンカになる **31**
マイペースを崩さない **32**
気が弱い・おとなしい **33**

< 2歳児の子育てを楽しむ講座ルポ >　　**Report**
「子どもの個性の伸ばし方～ガレノスの気質論～」 **34**

< もっと知りたい！色別タイプのこと >　　**Column**
4つの気質 **36**

甘え

ぐずる・暴れる **37**
あなたから離れない・ひとりで遊べない **39**

家事の邪魔をする	41
あなたを叩く・つねる	43
できるのにやらない	44
気を引こうとする	46
抱っこ抱っことせがむ	47

子どもらしさ

片付けても散らかす	48
同じことを繰り返しせがむ	49
寝ない・食べない・食べ過ぎる	50
騒ぐ・大声を出す・突然走り出す	52
落ち着きがない	53
気持ちの切り替えができない	55

Column

＜もっと知りたい！発達のこと＞	
2歳児の発達リアル	56
2歳児危険リアル　in house	58
＜先輩ママのここだけの話＞	
涙の卒乳式	60

第2章　2歳児ママリアル

| ママの『お困りごと』チェックリスト | 62 |

子どもとのこと

みんなも困ってるんだ！リアルランキング	64
つい怒鳴ってしまう	65
叱り方が分からない	67
しつけの仕方が分からない	69

Column

| ＜もっと知りたい！しつけのこと＞ | |
| しつけのヒント | 71 |

Report

| ＜2歳児の子育てを楽しむ講座ルポ＞ | |
| 「叩かず甘やかさず子育てする方法」 | 72 |

| 虐待しているのではないかと思う | 74 |

＜もっと知りたい！親子関係のこと＞ `Column`
毒親ってナニ？ ・・・・・・・・・・・・・・・・・・・ **75**

ママのこと どう思ってる？ `Report`
リアル○歳インタビュー ・・・・・・・・・ **76**

自分自身のこと
みんなも困ってるんだ！リアルランキング ・・・・・・・・・ **78**
自分の時間が持てない・時間に余裕がない ・・・・ **79**
自分のペースが乱されるのが嫌・ ・・・・・・・ **81**
家事が思うようにできない
子どもを介した人間関係が苦手 ・・・・・・・・ **82**

＜2歳児の子育てを楽しむ講座ルポ＞ `Report`
「怒鳴らない子育て」 ・・・・・・・・・・・・・・ **83**

`Report`
2歳児ママの就活＆保活リアル ・・・・・・・・ **84**
2歳児ママの起業リアル ・・・・・・・・・・・・ **85**
育児書を読んで落ち込んだらどうする？ ・・・・・・・・ **86**

子育ての環境
みんなも困ってるんだ！リアルランキング ・・・・・・・・・ **88**
子どもを預けられない ・・・・・・・・・・・・・ **89**
経済的な不安がある ・・・・・・・・・・・・・・ **90**
近くに手伝ってくれる人がいない ・・・・・・・・・ **91**

`Report`
初めての託児体験に密着！ ・・・・・・・・・・・・ **92**

＜もっと知りたい！託児のこと＞ `Column`
託児のメリット、解説します ・・・・・・・・・・ **93**
リアルママ サバイバル川柳 ・・・・・・・・・・・ **94**

-6-

第3章　Enjoy！サバイバルライフ

　　　みんなで乗り切る！2歳児子育てサバイバルヒント ···· **96**

お役立ちリスト
ママの息抜き・リフレッシュ ·························· **98**
子どもの遊び場・学び場 ···························· **99**
一時的な預け先 ································· **100**
だれに、相談しよう？ ····························· **101**

> **Report**
> 「ママが作る中田おでかけマップ」················**102**

子どもとの遊び
みんなに聞いた！子どもとの遊び In door ········ **104**
みんなに聞いた！子どもとの遊び Out door ······· **106**
子育てサークルに聞いた！季節の遊び<春夏> ······· **108**
子育てサークルに聞いた！季節の遊び<秋冬> ······· **110**

子育てサークル
子育てサークルに行ってみる？ ···················· **112**
子育てサークルの1日 ···························· **113**
子どもにとっての11のメリット ··················· **114**
ママにとってのイイこと＆心配事 ·················· **115**
子育てサークルの作り方 ························· **116**

七夕手遊び歌 ································· **118**

2歳児の子育て「イイこと」チェックリスト ······ **120**
こんなに見つけたイイところ ······················ **122**
あなたのサバイバルレコーズ ······················ **124**
この言葉の意味は？ ····························· **125**
この本を　読み終えた　あなたへ ················· **126**
編集後記 ······································ **127**

◆こんなママたちが作りました◆

★本書の役割＆主な担当
♥得意なこと

みぃちゃん
2歳・4歳男子、小2女子ママ

元育児サークル代表
★オールラウンダー、本書のエース。サークル取材、子ども遊び、サークルページの立場からのアドバイス担当
♥なんでも手作りすること

ゆみ
2歳男子、3歳女子ママ

「太白区おやこでおでかけマップ」制作委員
★本書発案者。2講座ルポ・託児ルポ・働くママ・児童相談所取材他担当
♥MAP作り

Ranko.n
2歳男子ママ

元中学校美術講師
★イラストレーター、副デスク。文章校正。川柳、手遊び歌、子どものイイところ担当
♥絵を描くこと。カラオケ

みゆき
★0歳・2歳・4歳男子ママ

育児休業中の助産師
★ファシリテーター。アンケート集計、意見調整、現役2歳児ママの立場からのアドバイス担当
♥料理と体操

志乃
4歳女子ママ

出産・育児エッセイ『陣痛なう』の著者。イラストレーター。
★アートディレクター。企画・デザイン監修・漫画・似顔絵
♥似顔絵

まどか
1歳男子ママ

育休中に参画
★オブザーバー、デスク補佐。テキスト起こし、用語説明のページ、読者目線の意見
♥新米ママだからこそ感じる意見や疑問を伝える

さゆみ
0歳女子ママ

育休中の営業ウーマン
★アシスタントエディター、デスク補佐。叩き台作成、読み辛いページの御意見番
♥ポジティブシンキング

えり
高校〜社会人二女二男のママ

元幼稚園教諭。現在区役所で保育士として勤務
★リーダー。みんなの心の支え。先輩ママの耳寄り話。本書の知恵袋
♥子どもと話すこと

ゆきこ
中3男子ママ

14年間子育てサロンを毎週開催。託児ボランティアも
★プロデューサー。助成金担当。お勉強になるページ。本書の頭脳
♥おむすび

ゆうぼう
小3女子ママ

元出版社勤務。現在フリー編集者。元育児グループ代表
★エディター。編集雑務（台割作成・原稿整理・進行管理）
♥字数調整

◆ご協力いただいた専門家の皆さま◆

故 伊藤順子先生
宮城教育大学教授。専門は幼児心理学、発達心理学。→P114

越中康治先生
宮城教育大学准教授。専門は発達心理学。元保育士・2児のパパ。→P18・20・22

猪岡久子先生
仙台幼児保育専門学校専任教員。TBCラジオ「子育てバンザイ」育児相談コーナー担当。仙台市内各地での子育て講座など。→P34〜6

舟山みどり先生
せんだいCHAP事業部長。「怒鳴らない子育て講習」インストラクター。仙台市子育てふれあいプラザのびすく泉中央「ママのきもちトーク」講師など。→P65・83

佐々禮子先生
CAPみやぎ代表。スターペアレンティングファシリテーター。子どもの人権のスペシャリスト。→P71〜3

小柳明子先生
一般社団法人地球の楽好代表理事。「子連れママの気晴らしマップ」元編集長。AMC（アクティブマザーズコミュニティ）代表。本づくりのアドバイスをいただきました。

-8-

代表から ごあいさつ

　今年25歳になる長女が2歳の頃。次女も生まれ、私の生活はますます忙しくなりました。甘えたい、でも自分でやりたい盛りの長女と、手に触れるものは全部なめなめの目が離せない次女。慣れない家事と育児に追われ、いつまでこの生活が続くのかと途方に暮れる日々。

　過ぎてしまえば、子ども達のぐずぐず、泣き声、ケンカ全てがキラキラとした宝石のような思い出ですが、当時の私はヘトヘト。自分の時間などあるわけもなく、「助けてー！」と心の中で叫ぶ毎日でした。

　そんな私を救ってくれたのが"育児サークル"。サークルでは他の子も自分の子もみんなの子という感じがして、不思議な連帯感が生まれ、苦しいつらい日々の心の支えとなりました。育児サークルを卒業後は"太白区育児サークル応援隊たい子さん"の仲間と共に育児サークル支援を柱に、子育て中の皆さんの応援をしてきました。

　ある時、仲間の一人がこう言いました。
「この育てにくい世の中で、ひとり奮闘しているママ達に、私達の思いを届けたい」と。子育てで悩み苦しんでいるママ達に、陰ながら応援している人達がいること、何より「分かる分かる」「そうだよね」と声をかけたい。そんな思いからこの本づくりがスタートしました。

　毎日子育てに必死に立ち向かうママたちに、家族みんなが明るく生きていく知恵を、日々をくすっと笑ってやりすごす精神力を、子育ては孤独ではないことを、この本から感じてもらいたい。
　うまくいかないことばっかりだけど、それでもみんなで力を合わせて生き残っていこう。そんな心からのエールをこの本に散りばめました。
　皆さんの子育てに少しでも役立つことが出来たら、何より嬉しいです。

太白区育児サークル応援隊たい子さん
隊長　二階堂　江里

◆本書の見方◆

★アンケートランキングから（＊アンケートに関してはP15・16参照）
第1章・第2章はアンケートランキングを基に構成しています。

お困りごとランキング
アンケート結果の順位を掲載しています。
＊ページ構成の都合上、ランキング順ではなかったりランキング外の項目もあります。

まだあるトホホエピソード
アンケートやリアル2歳児ママからの声を集めました。

みんなどうしてる？
アンケートやリアルママたちが工夫していることを集めました。

先輩ママの耳寄り話
保育や子育て応援の団体で多くの乳幼児とママに接している先輩ママからのコメント。

コレ、あるある～！
2歳児のありがちな、お困りごとエピソードを紹介。

先生のドンマイコメント
「2歳児の子育てを楽しむ」講座で講師をしてくださった専門家からのアドバイス。

ママ達の声を元に"知りたいテーマ"に詳しい専門家を講師に迎えた「2歳児の子育てを楽しむ」講座の内容をピックアップして掲載しています。

もっと知りたい！○○のこと
気質論、2歳児の発達、しつけ、託児のメリットなど、詳しく解説しています。

Report
リアル2歳児ママの気になることについて取材し、まとめました。

先輩ママのここだけの話
子育てにまつわるエッセイ。

第1章
2歳児リアル

2歳児『お困りごと』チェックリスト

あなたは、お子さんのどんなことに困っていますか？
当てはまるところに、チェックしてみてね。

A

- [ ] 自分でやりたがる
- [ ] できないことをやると言う
- [ ] できないと癇癪をおこす
- [ ] 反対の事を言う（イヤイヤ）
- [ ] 言うことを聞かない
- [ ] 自分でやると遅い・汚い

B

- [ ] わがままを言う
- [ ] 口ごたえをする
- [ ] 遊びから帰りたがらない
- [ ] 「欲しい」「やりたい」とごねる
- [ ] 他の子とケンカになる
- [ ] マイペースを崩さない

振り返ってみると、どんな言動に困っているのか
冷静に見つめ直すことができます。

C

- ☐ あなたを叩く・つねる
- ☐ あなたから離れない
- ☐ ひとりで遊べない
- ☐ 家事の邪魔をする
- ☐ 気を引こうとする
- ☐ ぐずる・暴れる・すねる
- ☐ できるのにやらない

D

- ☐ 落ち着きがない
- ☐ 片付けても散らかす
- ☐ 突然走り出す
- ☐ 寝ない・食べない・食べ過ぎる
- ☐ 同じことを繰り返しせがむ
- ☐ 気持ちが切り替えられない
- ☐ 騒ぐ・大声を出す

次のページでは、2歳児を子育て中の、ママ・パパ154
名に回答をいただき集計したものをランキングで発表し
ます。皆さんのチェックと合わせてご覧ください。

みんなも困ってるんだ！リアルランキング
～子どもの困った行動。実は…～

Aの行動は自立心が育っている!!

順位	行動	人数	参照
1位	自分でやりたがる	97名	→P17へ
2位	できないことをやると言う	58名	→P17へ
3位	言うことを聞かない	57名	→P19へ
4位	できないと癇癪をおこす	54名	→P21へ
5位	反対の事を言う（イヤイヤ）	48名	→P19へ
6位	自分でやると遅い・汚い	36名	→P23へ

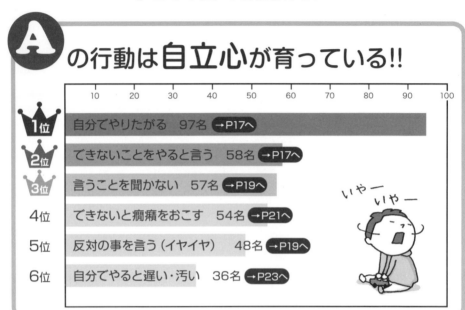

Bの行動は自己主張の練習中!!

順位	行動	人数	参照
1位	「欲しい」「やりたい」とごねる	97名	→P25へ
2位	遊びから帰りたがらない	61名	→P27へ
3位	わがままを言う	57名	→P29へ
4位	口ごたえをする	20名	→P30へ
5位	他の子とケンカになる	14名	→P31へ
6位	マイペースを崩さない	12名	→P32へ

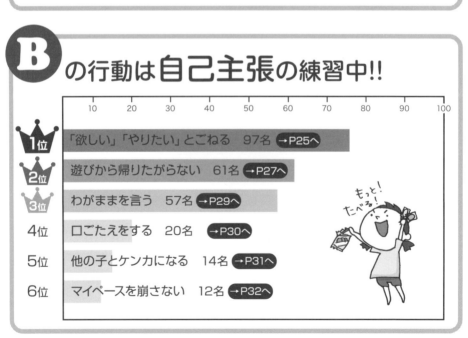

-14-

このランキングは、私たち「太白区育児サークル応援隊たい子さん」が作成したアンケートを、区の2歳半児歯科健康診査や地域の子育て支援施設等で配布して、計154名から回答をいただき、集計したものです。

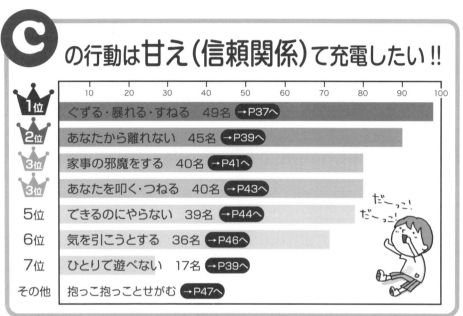

Cの行動は甘え（信頼関係）て充電したい!!

1位	ぐずる・暴れる・すねる	49名	→P37へ
2位	あなたから離れない	45名	→P39へ
3位	家事の邪魔をする	40名	→P41へ
3位	あなたを叩く・つねる	40名	→P43へ
5位	できるのにやらない	39名	→P44へ
6位	気を引こうとする	36名	→P46へ
7位	ひとりで遊べない	17名	→P39へ
その他	抱っこ抱っことせがむ		→P47へ

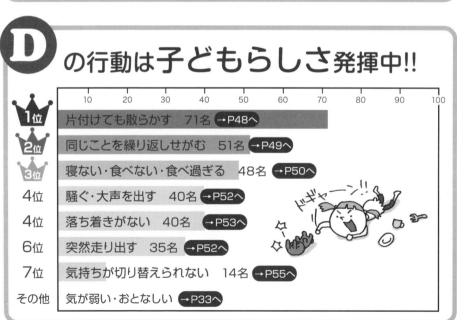

Dの行動は子どもらしさ発揮中!!

1位	片付けても散らかす	71名	→P48へ
2位	同じことを繰り返しせがむ	51名	→P49へ
3位	寝ない・食べない・食べ過ぎる	48名	→P50へ
4位	騒ぐ・大声を出す	40名	→P52へ
4位	落ち着きがない	40名	→P53へ
6位	突然走り出す	35名	→P52へ
7位	気持ちが切り替えられない	14名	→P55へ
その他	気が弱い・おとなしい		→P33へ

こんなアンケートをしました！

太白区"2歳児の子育て★リアル"調査アンケート

アンケートに回答した感想

* 日頃感じていることが文字になって、改めて整理ができ、子どもへの接し方が変わりそうです。
* 困っていることの対処方法はないと思っていましたが、自分で何とか対処しているのかも…。
* 毎日わがままに追われて振り返ることがなかったので、記入しているうちに「私頑張ってるじゃん！」と思えてよかった。
* 子どものことばかり考えていたけど、「自分自身のこと」の項目をみて、ママのリフレッシュが必要と思いました。

編集部から〈アンケートをまとめて〉

我が子のイヤイヤと自分のイライラで心乱される日々。そんな時、皆さんのリアルエピソードを目にし「あるある、うんうん」と、困っているのは私だけじゃないと共感、同時にホッと心が軽くなりました。アンケートにご協力いただいた皆さんにこの場をお借りして御礼申し上げます。

アンケートの皆さんの声を元に、これから「2歳児のリアル」に迫っていきます!!

-16-

第1章　2歳児リアル

＼自立心／

お困りごとランキング 第1・2位

自分でやりたがる（1位）
できないことをやると言う（2位）

コレ、あるある〜！

・まだできないのに着替えや支度を自分でしたがる
・「自分で！」「やる！」ばっかり言うのに、できてない

第1章　2歳児リアル
自分でやりたがる・できないことをやると言う

まだある トホホ… エピソード

 着替え、食事などなんでも「自分でやる〜！」と言うので、時間がない時や、失敗できない場所だと、困ります。

 ひとりではできないのに、手助けしようとすると怒ります。

 うんちのオムツを自分で脱ごうとするので恐怖!!

みんなどうしてる？

 「手伝うとき教えてね」「自分でやる？母ちゃん手伝う？」と確認してから手を貸します。

 時間がない時は、「自分でやりたいんだ、すごいね！」と一度ほめてから、「でも今日は時間がないから…！」と言って、手を貸します。

✏️ **先生のドンマイコメント：越中　康治　先生（宮城教育大学　准教授）**

「自分でやりたい」という思いが育っていて、とても頼もしいですね。「自分でできる！」という自信につながるよう、お子さんを陰からこっそりサポートしてあげたいですね。

お困りごとランキング 第3・5位 \自立心/

反対のことを言う（3位）
言うことをきかない（5位）

コレ、あるある〜！

・いつもの大好きなおもちゃで「遊ぼう」と呼びかけても「イヤ！」と拒否
・着替え、手洗い、お風呂、歯みがき、全部「やだ！」

第1章　2歳児リアル

反対のことを言う・言うことをきかない

まだある トホホ… エピソード

 とにかく言うことをきいてくれないし、気に入らないと癇癪*をおこします。

 何をするのにも「ダメ！」「ダメ！」というので困ります。

 外から帰ったら手を洗わせたいのに、まずおもちゃのところに走って行ってしまう…。

 髪を洗おうとしたら「今日は洗わない」というので洗わないでお風呂に入ったのに、あがる直前になって「髪洗う」と言う。お風呂のフタも閉めたのに…。

 何でも「自分で」、「イヤ」と主張するので、手出しするのをやめて別のことを始めると「そっちに行かないで」「やっぱり手伝って！」との訴え。戻って付き合おうとすると、「自分で」、「イヤ」。もう堂々めぐりです。

みんなどうしてる？

 うちの子は「○○な人〜！」と言うと「ハーイ！」と言うので、「手を洗う人〜！」など、「ハイ」とか「ウン」とか言うような質問に変えて声かけします。

 着替えなどは「どっちがいい？」と自分で選ばせると素直にできたりします。

 あまのじゃくなので、反対のことを提案してみてどうにか動かす！

 「○○しよう」と言うよりも「お母さんは○○するけど、××ちゃんはどうする？」と質問形式にすると「××もやる」とやってくれたりします。

🖊 先輩ママの耳寄り話

・本人もやらなきゃいけないと分かっているような時は「待ってるからね〜」と声をかけて放っておくと、やってくれる時もありました。

・マーラーの「再接近期」（→P56参照）の話を知って、子どもの行動が腑に落ちました。

🖊 先生のドンマイコメント：越中　康治　先生（宮城教育大学　准教授）

「自分で選びたい」「自分で決めたい」という思いを大切にしたいですね。落ち着いて考え、選択できるように、問いかけ方や雰囲気づくりを工夫したいですね。

---- お困りごとランキング ---- 第4位 \自立心/

できないと癇癪*

コレ、あるある〜！
・自分で靴下が履けないと、「もう履かない！」
・積み木やブロックをはめられなくて怒って投げる

まだある トホホ… エピソード

 何かのはずみでオモチャのレールが外れたりすると、怒って乱暴にガシャガシャと全部外してしまいます。オモチャが壊れそう…。

 うまくファスナーが閉められないと、上着を放り投げて、着せようとしても、もう着てくれません。出かける直前なので困ります。

みんなどうしてる？

 「できないときはお手伝いするから言ってね」と先に声をかけたり、「ゆっくり焦らなくて大丈夫だよ〜」と、こちらもゆったりと声かけするようにしています。

 何か失敗した時でも、「惜しかったな〜、もうちょっとだったよ」とか「前より上手だよ」など、プラスな言葉がけをして、励ましています。

✏ 先輩ママの耳寄り話

・うちの子は癇癪を起した時に、泣き声より大きい声で、「あ〜らあら！」など、大げさにリアクションすると、それに驚いて泣き止んでいました。

・失敗した時に、笑顔で「あら〜残念☆」と軽く受け流すママ友のお子さんは、うまくいかないことがあっても「ざんねんー」と自分で言って再チャレンジ。我が家でもマネをするようにしたら癇癪が減りました。

*癇癪→（P125へ）

「2歳のときに育みたいもの」

講師　越中　康治先生（宮城教育大学准教授）

　子育てについての考え方は人それぞれで，ママさん・パパさんの間でも，専門家の間でもいろいろな意見があると思います。幼児期の子育てでよく話題になる「愛着」「基本的生活習慣」「遊び」の3つに関してもいろいろなとらえ方があると思いますが，そもそも「何を育みたいのか」が人によって異なっているのかも知れません。

1. 愛着って何だろう？

　愛着については，「しっかり形成されていれば，時にガツンと厳しく言っても大丈夫」などの親子の関係性の問題，あるいは「ママに嫌われないように言うことを聞く」などの親に従う気持ち（従属感・隷属感）といったとらえ方もあるかも知れません。
　他方，心理学の分野において，愛着は一般に「守ってもらえるという信頼感」であるととらえられています。社会性と知的探求の基盤となるこの信頼感は，親が子どもを一人の人間として尊重し，感受性と応答性とをもって接することによって育まれるものであり，従属感・隷属感とはまったく異なるものです。

2. 基本的生活習慣は何のため？

　基本的生活習慣に関しても，何を大切にしたいかは人によって異なるでしょう。ある人は，習慣の確立そのものを重視し，親が主体となって，「子どもの将来のために，強制してでもガッチリ身につけさせたい」と考えるかも知れません。
　これに対して，習慣そのものよりも，「自分でやりたい」という思いや「自分でできた」という手応え，すなわち子どもの側の「自主性」を育みたいという人もいるでしょう。

3. 遊びは教育の手段？

　遊びに関しても，例えば，教育の手段として「何かをできるようにするために遊ばせる」という考え方があります。しかし，大人が何かのために遊ばせようとすると自ずと強制的になり，子どもたちは遊び込むことができなくなるとも指摘されます。
　他方，幼児教育や保育の分野では，「遊びは本来，自己目的的な（遊ぶこと自体を目的とした）活動である」と考えられてきました。子どもたちの発達は，遊び自体を目的として遊び込む中で，「結果的に」促されていくととらえられています。

　「子どもとどのように向き合いたいのか」「何を育みたいのか」といったことを，2歳のときに限らず，親である私たち自身が考え続けることが大切なのかも知れませんね。

お困りごとランキング ＼自立心／ 第6位

自分でやると遅い・汚い

コレ、あるある〜！

・靴が必ず左右逆
・物が散らかったり汚れたり、二度手間！

第1章　2歳児リアル

自分でやると遅い・汚い

まだある トホホ… エピソード

 何でも自分でやらないと気が済まないため、とーっても時間がかかります。出かけた先などで、急いでいるときは「ん〜っ！」ってなります。

 出かける直前、靴を自分で履くと言い、うまくいかないのに手伝うと暴れたり…。

 服を自分で脱ぐと、シャツを必ず下から脱ぐ。服が伸びちゃうからやめて〜！

 「自分で〜」とDVDの入れ替えをするので、DVDが傷ついてが見られなくなった。

みんなどうしてる？

 出かける準備は余裕をもって行い、靴下を履く、ファスナーを閉めるなど、できそうなことは待つようにしています。時間がかかりますが…。

 自分でやり始めは、遅い・汚いけど、だんだんとできるようになってる…！と、思い込むようにして見守ります。

 「できるようになってきたね〜大きくなったね〜」と持ち上げながら、さりげなく手伝います。

 お兄ちゃんがいるので、「どっちが早いかな？」と声がけすると、負けじと急いで歯みがきやお風呂の準備をします。

 先輩ママの耳寄り話

・自分で履けたことで満足しているのであれば、靴が左右合っていなくても良し！

・2歳児の実力はそんなもの。兄弟がいない場合も「ママとどっちが早くできるか競争しようか！」と遊びながら急がせてみたり、そうこうしているうちにいつの間にかスピードがつき、うまくできるようになっていました。

＼自己主張／

お困りごとランキング 第1位

「欲しい」「やりたい」とごねる

コレ、あるある〜！

・お店で欲しいものを手放さない
・おやつが欲しいと体全体を使ってごねる

第1章　2歳児リアル

「欲しい」「やりたい」とごねる

まだある トホホ… エピソード

お菓子が食べたいとスーパーのお菓子売り場から動かず、「行くよ」と歩き出すと、「いや〜」と泣き叫び続けます。

店でオモチャを見つけると、「これほしなー（欲しいなー）」とずっと離さない。諦めさせるのにひと苦労。

保育園の帰りに買い物に行けないと、泣いて車から降りてくれません。

みんなどうしてる？

①放置（気持ちが収まるまで待つ）。②その場から引き離す。③「1つだけ」「今日だけ」と言って買う。

冷静な口調で「今日は買わないよ。」と言い聞かせます。次に行く場所をひたすら言い続ける時もあります。

他に興味を持ちそうなことや、物で誘います。大好きな食べ物の話をすると気がそれることも。

はじめに分かっていれば「これはできないよ」と声かけしておきます。

✏ 先輩ママの耳寄り話

・自動販売機を見つけると「買って買ってー！」が始まる我が子。「あれ〜！？おかしいな？壊れてるみたい？買えないね！」と、自動販売機をガタガタ揺らすふりをして、ひと芝居…。子どもが諦める手助けと思い、嘘も方便としてました。

・線が細くておとなしいタイプと思っていたRちゃん。思うところがあったのでしょう、無言で道に大の字になって、ママへ彼女なりの意思表示。「あー、この子もちゃんと自己主張するんだ」と、サイレントな「ごね」を微笑ましく思ったことを覚えています。

・せっかく芽生えている意思。「欲しい」「やりたい」を叶えてあげたいけれど、全部は無理。「欲しいよねー」「やりたいよねー」と気持ちを認める言葉をかけながら、諦める手助けをすることの方が多いかも。でも、時々叶えてあげることができれば、「願えば叶う」と信じられる大人になるのではないかと思います。

\自己主張/

お困りごとランキング 第2位

遊びから帰りたがらない

コレ、あるある〜！

・「帰るよ」というと「ヤダヤダー！」と大泣きする
・帰る時間が遅くなって、結局ご飯がレトルトに

第1章　2歳児リアル

遊びから帰りたがらない

まだある トホホ… エピソード

 外遊びのあと毎回決まって帰りたがらない。何度もしつこく約束しても結果は同じ。

 ご飯やお風呂の時間になっても、遊びたいＴＶを観たいなど切り替えがきかず、無理強いすると泣いてしまう。

 説得には応じてくれず、最後は結局ママ友に苦笑いで見送られながら、大泣きする我が子を担いで帰ります。

みんなどうしてる？

「〇時になったら帰ろうね」と遊ぶ前に言っておく。

 携帯のアラームをセットして、「音楽が鳴ったら帰るよ」で成功しました。

すぐに帰るのではなく、「あと〇回ね」と予め約束をします。

 帰ったらオモチャやおやつなど、楽しいことが待っているよと言い続ける。

 公園から帰らない時は「すべり台を1回したら終わり」と約束して、すべり台の下で待ち、すべってきたらそのまま「ヨーイドン！」と帰る方向にかけっこすると、すんなり帰れる時もありました。

すべり台からのかけっこ帰宅戦法！

✏️ 先輩ママの耳寄り話　　　

子育てひろば(→P125)のスタッフだった時、出口で繰り広げられる攻防。
「帰る人に、おみやげあげる！」と言って、折り紙などの小さな制作物をパッと差し出して「またね〜」と挨拶。第三者の手助けも、気持ちの切り替えには有効です。

＼自己主張／

お困りごとランキング 第3位

わがままを言う
（自己中心的な欲求）

> コレ、あるある〜！

・早朝や夜なのに外に行きたがる
・好きなものしか食べない

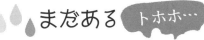

まだある トホホ… エピソード

 朝起きて開口一番「おやつ！」。朝ごはんを出しても食べてくれません…。

 朝早く起きる娘。毎日朝6時から公園に誘われます。

 ベビーカーは嫌い、買い物カートも嫌い、抱っこ紐ももちろん嫌。無理やり乗せたら大泣き。買い物にならず、食事の支度を断念。

 お気に入りの服しか着てくれない。サイズも小さくなり、穴も開いているのに…。

 3種類あるオムツの柄の中で、気に入ったキャラクターのものしか履いてくれず、困っています。

 先輩ママの耳寄り話

・「服は何着てもいいけど、ご飯の代わりにおやつは許さないぞ！」など、"自分はどこまで許せるのか？"を整理すると、イライラすることが少し減るかもしれません。

・このまま、ワガママな大人になってしまうのではないかと心配になる親心。ところが、小さいうちにワガママを充分にさせると、大人になった時に安定した子になる!?と聞いて、ワガママさせることにしました。

第1章　2歳児リアル

\自己主張/

⋯⋯お困りごとランキング 第4位⋯⋯

口ごたえをする

コレ、あるある〜！

・叱ると言い返してくる
・思い通りにならないと「ママ嫌い！」と言う

まだある トホホ… エピソード

注意しようという雰囲気を出すだけで、「ダメ！」「ヤダー！」「ブー！」と言ってきます。

「歯みがきしよう！」と誘っても「明日する〜」、「もう寝ようか？」「明日する〜」…。

「お着替えだよ」と言うと「お着替え、ない〜」と何でもオウム返しで、全否定。

「ダメでしょ！」「うるさい！」と反抗してくるけど、これって私の口グセだったりして…？

少しでも気にくわないことがあると「パパ、バイバイするの！」「パパが嫌いなの！」など、パパに八つ当たり。毎日なので、さすがにパパがかわいそう。

 先輩ママの耳寄り話

・口グセをマネされたり、結構鋭いポイントを突いてきたりして、イラッとしますが、今から思えば2歳の頃は、まだまだ可愛い口ごたえだったなぁ、と懐かしく思い出されます。

・子どもはそもそもママからお小言を言われるのが嫌なのかも。「大きな声を出さない」とか「嫌な言い方をしない」など、注意の仕方を考えなければと反省させられる瞬間ですよね。

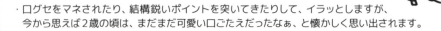

-30-

\ 自己主張 /

---- お困りごとランキング 第5位 ----

他の子と
ケンカになる

コレ、あるある〜！

・他の子が使っている物を取ってしまう
・お友達をかんだり叩いたりする

まだある トホホ… エピソード

他の子とオモチャの貸し借りができず、児童館で目を離すとすぐに他の子を叩いたり、噛んだりしそうになる。

お友達に「ダメ！」と言ったり、お友達が寄ってくると、押してしまう。

2歳以上の大きいお友達とは遊べるが、同じ年以下は敵対心むき出しで近くに来るだけで「だめー!!」と騒ぐ。自分から混ざっていくのは好きだから必ずケンカになる。

オモチャの取り合いの仲裁の秘策〜託児*ボランティアで心がけていること〜

託児ボランティアの活動では、「貸して」「ダメ！」のやり取りを「まだよ」と言い換えます。例えば…

大　人　「貸してって言ってごらん」
子どもA　「貸して」
子どもB　「ダメッ！」
大　人　「まだ遊びたいんだって。Aちゃん、少し待ってようね。Bちゃん、待ってるから終わったら貸してね。」

Aちゃんをなだめながらしばらく放っておくと、Bちゃんはオモチャを差し出します。

大　人　「Bちゃん、貸してくれてありがとう！Aちゃん、待っててくれてありがとう！」

褒められて照れる子どもたち二人。気持ちを「認めて」「待つ」と、ちゃんと行動できるから不思議です。

*託児（→P125）

第1章　2歳児リアル

\自己主張/

···お困りごとランキング 第6位

マイペースを崩さない

コレ、あるある〜!

・みんなで座ったり、本を読んだりできない
・ママが怒ってても動じない

まだある トホホ… エピソード

出かける時間にどんなに急かしても、のんびり…。

公園でみんなが砂遊びをしていても、一人でオモチャ遊びを続ける。

お友だちと全く関わろうとしない様子に、不安になる。

おうちに帰ろうと誘い、「帰っちゃうよー」と言っても、全く気にしてくれない。

「まだ外見たい!」と言って、バスから降りたがらない。

✐ 先輩ママの耳寄り話

・せっかく育児サークルに行っても、毎回集会所の押し入れに入り、活動に全く参加しない息子。はじめは何のために行っているのかと悩んだけれど、半年くらいしたら飽きたのか出てくるようになりました。

・みんなと同じことをして欲しいのが親心。親だからこそ、自分の子のハテナな行動にイライラ、心配するんだと思います。どうしてもマイペースすぎる時、諦めて、「うちの子は今何にハマってる?何が好き?」とじっくり観察してみるのもおススメです。

・①個性として受け止める。②遊びの要素を取り入れて誘導する。③イラっとしても、ひと呼吸ついて、「この子は大物になる!」と自分に言いきかせる。

＼子どもらしさ／

---- お困りごとランキング ---- **ランク外** pick up

第5位
「他の子とケンカになる」子もいれば……

気が弱い・おとなしい

> コレ、あるある〜！

・引っ込み思案
・人見知りが激しい
・友だちの中に入っていけない

まだある トホホ… エピソード

 話しかけられても私の服に隠れたり、かたまったり…。

 自分の順番が来ても、他の子に譲ってしまう。

 公園に知らないお友達がいると、遊ばずに帰ってしまう。

 知らない人に見られたり、話しかけられると寝たふりをする。

 すれ違ったおばあちゃんとかに「バイバイ」と言ってもらっても、手で顔を隠して、返すことができない。

✎ 先輩ママの耳寄り話

赤ちゃんの頃から、ママがちょっとでも見えなくなると大泣きで、子育てサークルでもママのそばを離れず、みんなと一緒になかなか遊ばなかったK君。入園でサークルを卒業してから久しぶりに会ったママに「幼稚園ではどう？」と聞いたら、「おかげさまでビックリするくらい走り回っています♪」とのこと。3歳までにたくさんママからエネルギーを吸収して、蓄えたんだなーと思いました。

「子どもの個性の伸ばし方〜ガレノス*の気質論〜」

講師　猪岡久子先生（仙台幼児保育専門学校）

頑固な子ども・おとなしい子ども・落ち着きのない子ども・のんびりした子ども。それぞれの種から育つそれぞれの花を大輪に咲かせるためのヒントを教わりました。

黄色タイプ　好奇心が旺盛

安定時	ストレス時
好奇心が旺盛	飽きっぽい
発想力に富む	無責任・軽はずみ
楽観的	忍耐力・集中力を欠く
軽快	落ち着きがない

風のエネルギー

【幼児期の特徴】
あっちこっちとふっとんで歩く。愛想のよい子。おっちょこちょいで軽い。大けがはしないが、すり傷は絶えない。

【おもちゃを取られたら】
おもちゃを取られるとピーと泣く。違うおもちゃに関心を移すとケロッとする。

【叱り方】
すぐ忘れるので、その場で言う。ちょっとガミガミ言っても、気にしないすぐに「ママ、ママ」と寄ってくる。

【学童・青年・大人】
部活や職場を変えやすい。陽気で人を楽しませるアイディアマン。軽やかで、ノリがよいので、様々な環境に適応しやすい。

青色タイプ　感受性豊か

安定時	ストレス時
自省心がある	傷つきやすい
苦しむ人に心をかける	自意識過剰
感受性豊か	心配症
考え深い	内気・自分にこもる

地のエネルギー

【幼児期の特徴】
泣くのをガマンして、歯向かわずに悲しんでいる。お人形ごっこなどの空想遊びが好き。黄色とは反対で重いタイプ。

【おもちゃを取られたら】
Noを言わない。相手に向かっていかずに、我慢して一人で悲しむ。

【叱り方】
人格を否定する言い方で、叱らない。気持ちを誤解されると、ずっと心に貯めて覚えている。

【学童期・青年期】
集団の中で対人関係に苦しむこともある。年上の人と気が合うことが多く、大人びた印象。人生の意味を知りたがる時期。

【大人】
苦しみや悲しみを心の栄養として溜め、肥沃な大地となって他の命を育てる。奉仕的職業や芸術家向き。

幼児期はオモチャの貸し借りはできなくて当たり前。兄弟ケンカも当たり前。子ども時代だからこそ取り合いなどのケンカができて、それが子どもの成長になる。すぐに親が介入せず、親がどれだけ見守れるかがポイント。少子化で兄弟も少なくなり、外でほっといても遊べる自然が減り、個々に分離されて子育てしている現在では、親同士がキリキリしないで子どもの関わり合いを見守ることができる子育てサークルは貴重な場。

*ガレノス（→P125）

Point 1 気質を4つに分けて、特徴的な性格の傾向を紹介。気質とは「持って生まれた心の傾向」のこと。個性は生まれつき。育て方のせいではない。持って生まれた気質を否定せずに、備わった"その子らしさ"を大切にする視点を身につけよう。

Point 2 何をするのもイヤがり、親の思いどおりにはならないのが2歳児。親はすごく大変な試練の時期。でも親さえ我慢できれば、子どもはその状態が正常。どうしても！のこと以外の「イヤだ！」という行動で、親がイライラしてしまう場合は、その子を見るのをやめて、コーヒーを飲むくらいの構えで子どもを騒がせておく。自分の主張を1回やるごとにその子はステップアップしてると思って。

＊2歳児はまだどれに当てはまるか分からなくてOK。集団生活に入って対人的なやりとりの中で、だんだん傾向が分かってきます。柔軟な気持ちでつき合ってくださいね。

赤色タイプ　強さとパワーが満ちている

安定時	ストレス時
勇気がある	乱暴・攻撃的
決断力がある	意地っぱり
正義感が強い	生意気・反抗的
意志が強い	向こう見ず・無鉄砲

火のエネルギー

緑色タイプ　のんびり、穏やか、自然体

安定時	ストレス時
穏やか・寛大	ぼんやりしている
粘り強い	優柔不断
誠実・丁寧	反応が遅い
自然体・包容力	ことなかれ主義

水のエネルギー

【幼児期の特徴】
強い、声も大きい。おとなしくしない。他の子を泣かせる。体を使ったダイナミックな遊びが好き。

【おもちゃを取られたら】
「僕のだよ！私のだよ！」と言える。言う前に、手が出ることも。

【叱り方】
押し付けには徹底的に反発。親は子どもの感情に飲み込まれてヒートアップしないこと。時間を置いて感情がおさまった頃に「あの時は悔しかったね。叩かないで、こう言えたら良かったね」と説明しよう。

【学童期・青年期】
小2頃までは、友達に乱暴をしてしまい、親は謝る場面が多い。その後、自分で自分をセーブできるようになる。同じ色の子と遊ばせるとお互い様で済ませられる。

【幼児期の特徴】
よく寝て、好き嫌いなくよく食べる、本能に沿った個性。小さい頃は育てやすいタイプ。

【おもちゃを取られたら】
ケンカしない。「あ。無くなった」「じゃ、こっちで遊ぼ」と思って、他のおもちゃで遊ぶ。

【叱り方】
食べるのも着替えるのも、早い子と比べて2倍スピードが遅いので、イライラしないで時間を長めにとるとよい。

【学童期・青年期】
学校に入ると分刻みの時間管理となるので、苦労をする。せっかちな先生にあたるとプレッシャーになる事もある。競争で傷つく時には支えてあげて。

【大人】
切磋琢磨して業績を競うような仕事は合わない。丁寧にゆっくりやる。人を和ませる存在で、障害物を自然によけていく。

【大人】
正義感が強くて、大切なものを守る。やりたいことがある時は思いがけないパワーで進んでいく。

Point 4 人間はそれぞれ違う特徴があるから自分以外の存在が必要となり、助け合う人生を送るように作られている。一人の人間がすべての長所を持たないのが自然。

4つの気質

もっと知りたい！色別タイプのこと

古典的な心理学の気質論に色分けを加えてより分かりやすく解説する猪岡先生の授業。2時間の講座では話しきれなかった部分について補足します！

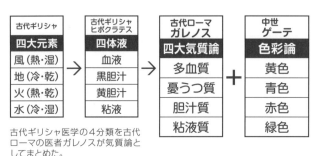

人は4要素全部を持ってますが、特に1～2つの気質が特徴として現れます。自分の特徴の気質を充分に育むと、他の気質もバランス良く発揮してくるそうです。

	黄	青	赤	緑
宇宙・生命の源との関係	風（気体） ひとつのところにとどまらず、自由に世界を駆け巡る。	地（固体） 動物や植物の亡がらが肥沃な土となり、他の生命を育む。	火（熱） 世を照らし導く太陽だが、他を焼き壊す強い力を持つ。	水（液体） 高所から低所へ流れ、形を変え物をよける。波のように繰り返す。
時間軸との関係	現在に関心がある 今を楽しむことを一番大事にする。	過去に関心がある 分析・考察好き。受けた痛みを忘れない。	未来に関心がある 理想へ挑戦する。課題解決に取り組む。	時間を超越している 人為的な枠組みにもとらわれない。
気質が出やすい時期	幼児期 人なつっこい。自由な発想が豊か。チョロチョロする。	思春期 敏感、感受性が強い、悲観的。自分は何者かと内省。	壮年期 エネルギッシュ。理想への向上心や家族、仕事のために頑張る。	老年期 こだわりがない。あるがままに生きる。
接し方の一例	飽きっぽさを、好奇心に導く。	こだわりをわがままとみなさない。	失敗をしてもとがめたり、皮肉を言わない。	適切な刺激を与える。

★10歳までに、自分の気質に合った環境で過ごすと、他の気質を認める力が育つ

せっかちな黄色の子どもは、のんびり型の緑色の子どもにイライラしたり、活発な赤色の子どもは、部屋遊びが好きな青色の子が物足りない。違う気質の子と無理に遊ぶと、自分が人と違うことに不安を感じることがあります。

子どもは、みんな同じように遊ぶわけではありません。友達は100人作る必要はなく、気が合う相手と、性格に合った遊びを楽しみ、大人からその子の気質に合った対応を受けると、「自分は自分で良いのだ」と思うことができ、他人との違いを理解→受容→ゆくゆくは一緒に遊べるようになります。

＼ 自立心・甘え ／

------ お困りごとランキング 第1位 ------

ぐずる・暴れる

コレ、あるある〜！

- すぐ怒る、すぐ泣く
- もはや手がつけられない

第1章　2歳児リアル

ぐずる・暴れる

まだある トホホ… エピソード

 何かあるとすぐ泣く。なだめても収まらず、抱き上げても大暴れ。

 出かけた時に思い通りにいかないと、床に寝そべってジタバタして暴れる。

 運転中にもかかわらず、思い通りにならないことに対し、後部座席でずーっとわめき続けてしまう。

 手伝っても手伝わなくても怒って暴れる時が、一番対応に困る。

 寝る時間になるとテンションが上がり遊び出す。結果、眠たいのに眠れず、大泣き、大暴れ。

 午後になるとグズリだし、外出しにくい。店内で座り込んだり、大声を出したり…。

 外で遊んだ帰りに疲れてしまい歩けなくなってくると、なぜか手をつなぐのをやめ自分で歩くといい、途中で走ったりフラフラとすごく危なっかしい。最終的に泣く。

みんなどうしてる？

 何をしてもダメだったので、しなくなるまで、ただただ待ちました。半年くらいで、徐々に落ち着きました。

 「あれ？○○くん、アリさんがいるよ？」と言うと関心を引く事ができました。うまく泣き止んだら、「あれ〜そこにいたのにな〜」なんてごまかして…☆

泣く子やぐずる子への寄り添い方 〜託児*ボランティアで心がけていること〜

 小さな子どもが泣いたり暴れたりするのは、悔しい気持ちや眠くても眠れないなど、自分でもどうしていいか分からず混乱している状態なので、子ども自身も困っているのではないかと思います。

託児ボランティアでは、乳幼児を預かる際、多くがママから離された瞬間は大泣きですが、まずはあふれる気持ちを出し切れるよう「一緒に行きたかったね」「悲しいね」と気持ちに共感しながら、「よしよし」「大丈夫、大丈夫」と励まします。泣いて嫌な気持ちを外に出し終われば子ども達は遊び始めるので、辛抱強く気持ちの吐き出しに付き合います。（→P92〜93）

眠いのに眠れずにグダグダになっている子どもは「おんぶ」します。背中なら暴れても動じずに、肌の触れ合いと適度な揺れが心地よく眠りを誘うからです。

大人の手助けがあると、子どもの混乱は少し短くなるのかもしれません。

*託児（→P125）

お困りごとランキング 第2・7位 \甘え/

あなたから離れない（2位）
ひとりで遊べない（7位）

コレ、あるある〜！

・ママにべったりで離れない
・ママじゃないとダメ

第1章　2歳児リアル

あなたから離れない・ひとりで遊べない

まだある トホホ… エピソード

いつでもママが一緒じゃなきゃダメ。トイレくらいひとりで行きたい…。

ママが大好き。オムツ替えも歯みがきもパパはイヤ！パパにされると大騒ぎ。嬉しいやら悲しいやら…。

仕事でほとんど顔を合わせないパパになつかず、泣き出すと、どんなにあやしてもママじゃないと泣き止まない。

「おばけがこわい」と言って、私が他の部屋に行くと後追いします。台所でも足元で遊ぼうとするので困ります。

みんなどうしてる？

自分の作業を中断し、夢中になれる遊び（お絵かき・ブロック・アニメビデオなど）を少し一緒に遊んでから家事に戻ります。

できるだけ聞いてあげて、家事が進まないなど困ってきたら、「お母さんは○○しなきゃいけないから、またあとでね」と説明する。

抱きしめて「ママがいいんだよね。ママも大好きだよ」と伝え、「ママこれがしたいから、ちょっと待っててね」とお願いしてみる。

パパ嫌いの娘。父母子3人で遊んだり、パパのすごいところを子どもに「パパって○○ですごいね〜♥」と言葉にしてアピールしています。

🖊 先輩ママの耳寄り話

・出かける前の準備で子どもを待たせた時など、「待っててくれたから、行けるね！楽しみだね！何して遊ぼうか」と感謝の気持ちを伝えると、子どもも「僕がちゃんと待つと、ママは喜ぶんだ！」と徐々に学んでくれた気がします。

・家の中でも私の姿が見えなくなると泣く子ども。部屋から出る時、例えばトイレの時は、「ママトイレに行って来まーす！」などと言ってから行ってました。もちろん、ドアを開け放して「ママここにいるよ」と、分かるように。子どもが20歳を過ぎた今でも、トイレのドアを閉めない自分がいて、苦笑いしちゃいます。

お困りごとランキング 第3位 / 甘え

家事の邪魔をする

コレ、あるある〜！

・一緒に料理をしたがる
・掃除していると遊びたがり、かえって散らかる

第1章　2歳児リアル

家事の邪魔をする

まだある トホホ… エピソード

食事の準備の時に「抱っこ」とせがむので困る。家事に戻ろうとすると「ダメー！」とぐずり始め…全然進みません。

別室で洗濯物を干していると、「ママ～遊ぼ～！」と強制連行されます。

タンスからたたんであるものを次々と出してグチャグチャに。食器洗いやお米研ぎは水遊び状態！本人は手伝いのつもりでも家事には倍の時間がかかり、いらないところで怒ってしまう。

みんなどうしてる？

家事をやりたがる我が子。時間があるときはもう好きにやらせています。

母の手元が見えないとぐずるので自分のイスを持ってこさせると、次々と質問してきますが、機嫌良く、おとなしく見ています。

流しの台の上におもちゃのおままごとセットを持ってきて、マネっこ。

柔かい物を切る、野菜を洗うなど、できそうなことを手伝ってもらいます。

食器を洗うスポンジを小さく切って渡しています。自分のおままごとの食器を洗っています。

食事の支度中にくっついてくるので、おんぶ紐でおんぶをすると満足してくれた。

先輩ママの耳寄り話

・お気に入りのオモチャを、足元など、ママのそばに置いてみるのはどうでしょう？
　家事に興味があるときもあるけど、ただママのそばにいたいのかも…！

・うちも本当困り果てていて、昼寝中に夕食を作る、時短料理を試してみる、色々やってみました。ある日、夕食作り始めると、子どもはギャン泣き、何もできず、私もギャン泣き。「もう無理ー」って会社の夫に電話。何事か！？と猛スピードで帰宅した夫は「なーんだそんなこと」、と近所のやきとり屋へ連れてってくれました。今なら笑話にできるけど、当時は本当に途方にくれていました。

---- お困りごとランキング ---- 同率3位 甘え

あなたを叩く・つねる

コレ、あるある〜！
・叱ると叩いてくる
・突然つねられる

まだある トホホ… エピソード

 叱ると顔を集中的に叩かれる。私の顔が怖いから！？

 ファスナーを上げたいのに上げられない時に私を叩きます。「いつもママがやってるのに、自分はできない！」とショックを受けているみたい。

 してはいけないことをした時に注意をすると、プライドが傷つけられたと言わんばかりに、叩きにかかってくる。

みんなどうしてる？

 「叩かれると痛いよ」や「○○ちゃんも叩かれたら嫌だよね」と言って聞かせる。

 気持ちを汲み取って、「〜したかったんだよね」と言うと、少し落ち着いてくれる。

✏ 先輩ママの耳寄り話

何かしらママに伝えたい、分かってほしいという気持ちがあるんでしょうね。甘えたい相手であるママを叩くことは、よくあります。
叩かれた後「痛かったよー」「つねらないでー」と言って、ぎゅーっと抱きしめたり、いい子いい子したりすると、少しずつ減っていくようでした。お試しを！

第1章　2歳児リアル

お困りごとランキング 第5位 \甘え/

できるのにやらない

コレ、あるある〜！

・手洗いをしない、嫌がる
・靴を履かない

まだある トホホ… エピソード

 靴下はもう自分で履けるのに、私が忙しい時に限って、「ママやってー。」

 いつもはお片付けできるのに、急にやりたがらない時がある。

 何かのはずみでやらなくなる…。なんでやらなくなるのか分からない。今忙しいとか絶対私が困る時にやらなくなるので、困らせたいの？と思っちゃう…

 できるようになったり、たくさん褒めたのに、急にやらなくなるので、「できるのに！？」とがっくりきちゃいます。

 服を着たがらず、はだかで走り回ってばかりいる。

 甘えかなと思ってやってあげるけど、ゆとりがない時は「一人でやってよぉ〜！」と言ってしまう。

 トイレでおしっこができるのにわざとパンツの中でして逃げ回る。

 フォークもおはしもできるのに、「赤ちゃん！」と宣言して、食べさせてもらいに来ます。

✎ 先輩ママの耳寄り話

・昨日素直にしてくれたのに、今日は「やらない」。どこまで甘えていいのか、日々試されている気がしていました。ママの困る顔が面白い、気にかけてもらってるのを喜んでたのかな、なんて思います。

・やれるのにやりたくないのは「今は甘えたいの」ってことなのかな。一生親から手伝ってもらうわけではないし、と割り切って「今日は特別ね！」、「王子様どうでしょうか」なんて言って、ごっこ遊びの一つとして乗り切っていました。

第1章 2歳児リアル

\甘え/
…お困りごとランキング… 第6位

気を引こうとする

> また のぼっちゃうよ～?
> ママ いいの～?
> のオーラ…
>
> またか…

コレ、あるある～!

・少しでも高いところに上る
・ダメと言われることをふざけて何度もする

まだある トホホ… エピソード

大人同士で話をしていると「私とお話しして!」と言って、話をするのを許してくれない。

オムツ替えの時、わざと私から遠く離れていき、なかなかオムツを替えさせてくれない。ニヤニヤしながら、私をからかってるように思える…。

スマホを持っていると取られる。

ママが見てくれないくらいなら、怒られた方がマシ!とばかりに、いたずら小僧…。

他の人がいる時に限って、イヤイヤがひどくなる。

みんなどうしてる?

わざといけないことをするときには、見てないふりをする。されて困ることの場合は、「ママ、それされると困るんだ…」と、伝える。

 先輩ママの耳寄り話

どんな手を使っても、ママにかまって欲しい!でも、そのほとんどの"手"が大人には嬉しくないことなんですよね。そんな手があったか…!?とまず子どもの必死さに驚きつつ…。「そんなことしなくても一緒にいるよ」ということを伝えられるといいと思います。

---- お困りごとランキング ---- \甘え/ ランク外 pick up

抱っこ抱っこと せがむ

> コレ、あるある〜!

・ベビーカーがあるのに「抱っこ!」
・おかげさまで腱鞘炎

まだある トホホ… エピソード

抱っこしてから降ろしても、またすぐ抱っこ。食事の支度しようとしてもできずに、イライラ!

歩きたがるので、歩かせていると、眠くなって抱っこ。運悪く雨が降り出したときは、泣きそうになりました。

遊んで帰る時に「疲れた…抱っこ…」となるクセに、興味のあるものを見つけると「おろして!」と猛ダッシュ。疲れてないじゃん!

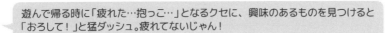

✏ 先輩ママの耳寄り話

・ベビーカーがあるのに「抱っこ!」の時は、ベビーカーに荷物を乗せ、片腕に子どもを乗せて、両手でベビーカーを押すようにすると、あまり重く感じないかも!?

・荷物が多い時でも、腰を痛めた時でも、容赦なくせがまれますよね。
 2歳児は意外に重たく、ずっしり…。
 困った時ほど、まずは子どもの要求にちょっと合わせてから、ママの要求を伝える。
 こうしてコミュニケーションも覚えていくように思います。

・出かける前やイライラしている時、「ママの気持ちがココにない」という感じを、察知されていたように思います。子どもと5分でも向き合って子どものエネルギーをチャージ。ママも家事をひと休み、と割り切るのもいいかも。

第1章　2歳児リアル

＼子どもらしさ／

----お困りごとランキング 第1位----

片付けても散らかす

コレ、あるある〜！

・とにかく次から次へとオモチャを出す
・片付けちゃダメー！と言う

みんなどうしてる？

思う存分させる。よっぽど危なくない限りは、基本的に諦める。

 ママ友の家に行った時、子どもの遊びの時間はオモチャは出し放題でいさせる、その忍耐力と潔（いさぎよ）さに感心。「これでいいのか！」と参考になりました。

「オモチャもおうちに帰りたいって」と言って、一緒に片付ける。

 よーいドン！と、いかに早く片付けるかゲームをする。片付けたら褒める。

 寝る前に必ずきれいに片付けないと、夜おばけがオモチャ食べてしまうと話したところ、夜は片付けを頑張っている。脅している感じなので他の方法も模索中…。

先輩ママの耳寄り話

まだまだ自然の一部の2歳児には、きれいに片付いた様子は逆に居心地が悪いのかもしれません。「片付けると気持ちが良い」と感じてもらうために、①簡単に②一緒に片付けることで、達成感やすっきり感を味わえるよう工夫していました。

\子どもらしさ/

---- お困りごとランキング 第2位 ----

同じことを繰り返しせがむ

コレ、あるある〜!

・同じ本を繰り返し読んでと持ってくる
・忙しい時は困ってしまう

みんなどうしてる？

「今度は○○ちゃんやって！」とやり返します。

できるだけ聞いてあげて、家事が進まないなど困ってきたら、「ママ○○しなきゃいけないからまたあとでね」と説明する。

「あと○回！」と回数を決めてもらう。

繰り返しに付き合いながらスマホを見ていたら、「ちゃんと見て！」と怒られた。スマホを一旦やめて、しばらく付き合いました。

同じ絵本を何度も読むとこっちが飽きてしまうので、アレンジして読んでみて、自分も楽しむようにしています。

✏️ 先輩ママの耳寄り話

・「えー！ママ疲れたー！」と正直に言うと意外と解放してくれたりしてました。

・親としてはいろいろなことを経験して欲しいと思うけど、子どもは同じことを何度もやることが大好き。繰り返し行うことで確認したり、安心して遊ぶんだな、と分かりました。

第1章 2歳児リアル

お困りごとランキング \子どもらしさ/ 第3位

寝ない・食べない・食べ過ぎる

コレ、あるある～！

- お昼寝をしてくれない
- ご飯を食べない
- 一日中食べている

まだある トホホ… エピソード

 寝かし付けに1時間かかる。抱っこ紐を使っても腰が限界…。

 眠いくせに寝ないので、ハイテンションになったり、ぐずぐずになったり。

 やっと昼寝した！と思っても30分後には目はぱっちり。ガックリ…。

 食事に興味がなく食が細い。食事中にもオモチャで遊びたがる。

 スプーンでご飯と一緒に口に入れても、器用に野菜だけ出します。

 冷蔵庫に何度も行きたがり、欲しいものを渡すまで、ずっと開けて見ている。

 料理のお手伝いをしてもらうと、「ボクが作ったの！食べて」と人に勧めて、自分は食べない。ガックリ。

 お菓子が大好きで、棚から一人で出して食べてしまう。ご飯もたくさん食べますが…。

 お腹いっぱいなのに、食べ過ぎて吐いたことがある。

みんなどうしてる？

 家にいると寝ないので、外に出てベビーカーや車で移動中に寝てもらう。

食べ過ぎるので、野菜を先に出したり、少しずつ出すようにしました。

日々元気に健康に過ごせているから大丈夫と判断して気にしない。

📝 先輩ママの耳寄り話

・食が細い娘で心配していましたが、保育士さんに「子どもはお腹が空くといつかは食べるもの。1週間単位で考えるといいよ」と言われ、気が楽になりました。

・2歳児は、体内時計が出来ていく途中なので、リズムがグチャグチャでした。朝、日の光で起きるように遮光カーテンをやめたら、小学生の頃には、21時に眠るようになっていました。

第1章　2歳児リアル

＼子どもらしさ／

お困りごとランキング 第4・6位

騒ぐ・大声を出す（4位）
突然走り出す（6位）

コレ、あるある〜！

・公共の乗り物の中で大声で話す
・急に大声で叫ぶ

まだある トホホ… エピソード

バス・病院などの人が多くいる場所で、大声を出す。図書館には行けない…。

バスの中で大きな声で歌い出し、「じょうず？」と何度も聞かれ、「上手だね。でも、もう少し静かにしようね」と言うと、「うん」と小声で口ずさむけど、結局だんだん大声に…隣の席のおばあちゃんは温かく見てくれてましたけど…。

大声で「だれか〜！助けて〜!!」と、アニメのセリフを真似る。

みんなどうしてる？

「コショコショ話しよう」と誘って、耳元でお話しすると、面白がってマネしてくれました。

「キャー!!」という大声には、耳をふさいで「耳が痛いよ」と苦しい顔を見せました。

 先輩ママの耳寄り話

まずはおうちの中で遊びながら小さい声の練習をしました。ママが「アリさんの声してくださーい」と小声で話しかけたり、「ゾウさんの声してくださーい！」と大きな声を出してみたり…。

\子どもらしさ/

お困りごとランキング 同率**4**位

落ち着きがない

コレ、あるある〜!

・お店の中をチョロチョロ、うろうろ
・ちょっと目を離した隙(すき)にいなくなる

第1章　2歳児リアル

落ち着きがない

まだある トホホ… エピソード

買い物に行くと、自分で買い物かごを持って歩き、好きなところに行ってしまいます。レジの間も待っていられません。

商品を取る、怒ると商品を床に落とす、カートを一人で押したがる。挙句の果てに大声でぐずる。

スーパーなどですぐに離れて走り回り、「どけどけー！」「無視！」など周りの人に言う。

大型ショッピングモールなどの外出先で走り出し、勝手にお店に入ってしまう。

マンションの駐車場で、外に出たとたん急に走り出すのでドキドキします。すぐつかまえて抱っこ紐で抱っこしないと、何もできない。

すぐ遠くへ走って行くので、他のママさんと話もできない。

ご飯の時も集中せず、後ろを向いたり、テーブルに足を上げたり、もぐったりする。

みんなどうしてる？

車通りの多いところや駐車場など危ないところでは、手をつなぐというより手首を握って私の方が離さない。

手首を握ってもすり抜けたり、車に自分から突進してしまうため、子ども用ハーネスのお世話になっています。賛否ありますが、ウチの場合はヒヤッとすることが減りました。

スーパーの買い物は、週末にパパと一緒にまとめ買いすることに。

ご飯の時は、できるだけ気が逸れるものを置かないように…。それでダメならお腹が空いてないんだな、と諦め。

🖊 先輩ママの耳寄り話

目に入ってくる色んなものに刺激され、湧きあがる好奇心に、つい体が動いてしまうのは子どもだからこそ（→P36）。将来学童期に学ぶ楽しみを見出すためには（→P57）、せっかく芽生えた好奇心の芽を摘まないように…と、息子のチョロチョロを大目に見ていた2歳の頃。スーパーでは迷子アナウンスの常連で、無事の奇跡に涙する毎日でした。

\ 子どもらしさ /

---- お困りごとランキング 第7位 ----

気持ちの切り替え ができない

コレ、あるある〜！
・泣き始めたら止まらない
・怒りがなかなか収まらない

まだある トホホ… エピソード

 思ってることを言葉にできないので、ただ泣くだけで困ることが多い。

 児童館などで使ってたオモチャを取られると、相手に言えないけれど泣きながら怒り続けて止まりません。

 友だちとモメると陰で延々と母を殴ってきます。気持ちは分かるけどちょっとムカつく。

 泣いているウチに、なんで泣いているのか分からなくなってきて、なだめても全然ダメで、30分くらい泣き続けて困りました。

みんなどうしてる？

 お気に入りのぬいぐるみで、「どうして泣いているの？」と話しかける。人形劇をして、子どもに話しかけたりしていると、泣き止んで笑ってくれる時も。

✏️ 先輩ママの耳寄り話

・悲しい気持ちや怒った気持ちはもう終わっているはずなのに、自分では止められない…窓の外の景色を見るだけでも落ち着くと思い、気分転換のきっかけ作りを工夫しました。

・理由は何でも、一番の味方がママ。抱っこして「悔しかったね」「そうか、嫌だったね」と気持ちを代弁してあげると落ち着くことも。

困った行動には理由がある！
2歳児の発達リアル

もっと知りたい！
発達のこと

2歳児の行動は、大人の立場では、理解し難く困りもの。でも、子どもの「心」の状態が分かれば、「なるほど〜！」と納得できるかもしれません。
2歳児ママの「なんでそーなの!?」を解決するヒントとして、人間の心が成長していく過程を観察し考察した2人の心理学者の理論を紹介します。
大人だったら「NO！」な行動も、2歳児だから「OK！」かも！？

マーラーの分離「母の内在化」

マーガレット・マーラー（児童精神科医→P125）

母親との一体感 ➡ 母親を安全基地にして探索 ➡ 内的母親像の確立

赤ちゃんが生まれてから「人生を生き抜くために必要な心の支え」を身につけていくまで

〜共生期（0〜4か月）	ママと自分が一体だと思っていて、何でもできると感じている
分化期（5〜10か月）	ママとは自分が違うことに気づき始める。ママはまだ自分の一部なので離れるのは身をちぎられるようで痛いほど辛い（分離不安）
練習期（10〜18か月）	ママを「安全基地」として、外の世界を探険し始める（いたずら等で確かめる）。分離不安から後追いする
再接近期 （18〜24か月） ★イヤイヤ期はココ	次第に自我が目覚め、自己主張する（イヤイヤ期）。ママと自分は違うと反発して離れてみるが、不安になって戻ってくる。次のステージ（精神的自立）に進むために、甘え（充電）が強くなる。
個性化確立期 （24〜36か月）	この時期までにママのそばで充分甘えながら自立の準備をすることで心の中のママ（＝母の内在化）から充電できるようになる

-56-

エリクソンの発達課題ピラミッド

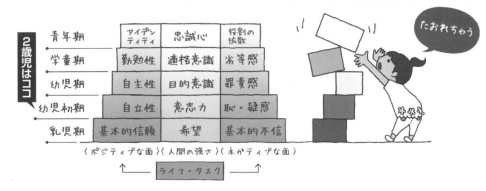

エリク・H・エリクソン（アメリカの発達心理学者 →P125）

人生の各ステージで獲得する「力」を積み上げていく人格の土台づくり

エリクソンは、「人間の心は各年代で身につく力を順番に積み上げながら成長する」と考察。各年代で生まれるポジティブ（肯定的）な感情とネガティブ（否定的）な感情が闘って（葛藤）、ポジティブな感情が上回ると、肯定的にそのステージをクリアします。

乳児期（0歳～1歳半）	ママの抱っこや授乳などで安心すると、不快感や不安感を乗り越え、他者や世界を信じる力「希望」を獲得します。
幼児初期（1歳半～3歳） ★2歳児はココ	自分を信じて挑戦しようという「自立性」が、失敗した時の「恥」や自分には無理という「疑惑」に打ち勝って、「意志力」を持ちます。ママのそばで安心しながら挑戦したり失敗したりすることが強い心を育みます。
幼児期（4歳～6歳）	「自立性」から遊びを創り出せる自分への自信が、ママの教え通りにできない自分への「罪悪感」を上回って、夢に向かう「目的意識」を身につけていきます。

乳幼児期は人格の土台を作る基礎工事の時。後からでも修復できますが、その時にしっかり築いておくと後が楽。「子どもが子どもらしく」ある姿を微笑ましく見守る社会でありたいですね。

リフレーミング辞典　見方を変えれば素敵で無敵!!

＊短所に見えても、見方を変えれば長所だよ

乱暴	➡	元気	過敏 ➡ 感性が高い
落ち着きがない	➡	好奇心旺盛	おとなしい ➡ 平和を愛する
気が弱い	➡	優しい	諦める ➡ 切り替えが早い
わがまま	➡	意志が強い	泣きやまない ➡ 頑張り屋
ふざける	➡	面白い	こだわりが強い ➡ 安心したい
癇癪	➡	理想が高い	臆病 ➡ 慎重
口ごたえをする	➡	論理的	目を合わせない ➡ 繊細
あまのじゃく	➡	自立心が強い	へらへら ➡ 愛嬌がある
すぐ泣く	➡	感情豊か	

今 改めて check!

2歳児危険リアル In house

え!ココも届くの?!日々変わっていく子どもの危険ポイント。色々できるようになった2歳児だから、やらせたいけど、まだまだ危ない!家の中にひそむ危険を再チェックしてみよう。

いろいろやらせたい!
VS
やって欲しくない!

絶対ダメ!?見守ればOK!?
危険レベル別に分けて、対応を考えました!

〔いざどうする!?〕

危険度MAX 💣💣💣 絶対危ない!!
・できないようにする
・しまう
・届かないところに置く

危険度中 💣💣 ちょっと危ない!
・やり方を教える
・危ないからダメ!を徹底

危険度小 💣 見守っていればOK?
・根気強く言い聞かせる

困り度 ☹☹ 別な遊びに置きかえてみる

ママの知恵 こうしてみたよ!

見守りながら色々な経験をさせたいものじゃな。

テレビを倒す 💣💣
耐震グッズを使おう

棚の上の物を落とす ☹
地震対策のためにも棚の上には軽いものを

走って家具に激突 💣💣
コーナーガードなど予防グッズを使ってみよう

財布を空けてしまう ☹
触れるところには置かない。ダミーを作る

窓から転落 💣💣💣
小さい子は危険だということが分かりません。窓を開けられないようにする。踏み台になるようなものは絶対置かない!

-58-

先輩ママの ここだけの話

涙の卒乳式

3人の子どもの断乳を辛い思いで終えた私は、4番目の次男は思う存分あげたいという気持ちがありました。

…という訳で、幼稚園に入園してからも、夜寝るとき、転んだり疲れたりしたとき、私のひざの上に来て、オッパイを飲む次男。

もちろん、飲む回数・量はかなり減っても（多分後半はほとんど出ていなかったのでしょうが）、次男の望むまま過ごしていました。

その日も園から帰って、家でのんびり遊ぶ次男。ソファに座りながら、「そーいえば、最近オッパイ飲んでないね～」と何気なく声をかけた私。

次男はハッとした面持ちで私の前に来て、「ママ、オッパイ出して」と言い、「うん…」と私は服をめくり…。

「オッパイ今までありがとう」と涙をポロポロ流しながら私のオッパイをなでる次男。

何度も「ありがとう」「ありがとう」とオッパイに声をかける次男を見て、私まで涙。二人して顔がグシャグシャになったことを昨日のことのように覚えています。

後日、「年長さんになったからオッパイをやめようと思ってたんだよ」と次男は言っていました。

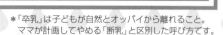

＊「卒乳」は子どもが自然とオッパイから離れること。
ママが計画してやめる「断乳」と区別した呼び方です。

第2章
2歳児ママリアル

ママの『お困りごと』チェックリスト

あなたは子育てでどんなことに困っていますか？
当てはまるところに、チェックしてみてね。

1. 子どもとのこと 〔→P64から〕

- ☐ 叱り方が分からない
- ☐ 褒め方が分からない
- ☐ しつけの方法が分からない
- ☐ つい怒鳴ってしまう
- ☐ 子どもの健康
- ☐ 育てにくさを感じる
- ☐ なだめ方が分からない
- ☐ 遊び方が分からない
- ☐ ふたりきりが辛い
- ☐ 子どもに否定されたように感じる
- ☐ 子どもの発達・教育
- ☐ 虐待しているのではないかと思う

2. 自分自身のこと 〔→P78から〕

- ☐ 人に相談したり頼るのが苦手
- ☐ 家事が思うようにできない
- ☐ 自分の時間(趣味など)が持てない
- ☐ 時間に余裕がない
- ☐ 子育てが向いていないと思う
- ☐ 育児をしたいのに他のことに没頭してしまう。(スマホ・PC・お酒・その他)
- ☐ 子どもを介した人間関係が苦手
- ☐ 自分のペースを乱されるのが嫌
- ☐ 働きたいのに働けない
- ☐ 心に余裕がない
- ☐ 体調不良

3. 子育ての環境 〔→P88から〕

- ☐ 子どもを預けられない
- ☐ 近くに子どもと出かける場所がない
- ☐ 悩みを相談する相手がいない
- ☐ 世間・ご近所の目が気になる
- ☐ 家族との関係に問題がある（配偶者・実父母・義父母・その他）
- ☐ 近くに同年代の子どもがいない
- ☐ 近くに手伝ってくれる人がいない
- ☐ 家族に理解してもらえない（配偶者・実父母・義父母・その他）
- ☐ 経済的な不安がある

いかがでしたか？
子育ては悩みながらの日々ですよね。自分自身を考える時間すら持てず、一体何に困ってるのかも分からなくなっていませんか！？
第2章ではあなた自身に焦点をあて、少しでも解決できるようなアイディアを盛り込みました。ご覧ください。

編集部より

みんなも困ってるんだ！リアルランキング 2歳児ママ編

1. 子どものこと

1位 つい怒鳴ってしまう →P65へ　75名

2位 叱り方が分からない →P67へ　42名

3位 しつけの方法が分からない →P69へ　40名

4位 19名 なだめ方が分からない

5位 17名 子どもの発達・教育 ➡P94「サバイバル川柳」へ

6位 16名 遊び方が分からない ➡P104「子どもとの遊び」へ

7位 15名 ふたりきりが辛い

8位 14名 虐待しているのではないかと思う →P74へ

9位 10名 子どもの健康

10位 7名 褒め方が分からない

10位 7名 育てにくさを感じる

12位 2名 子どもに否定されたように感じる

\ 子どもとのこと /

------- お困りごとランキング 第1位 -------

つい怒鳴ってしまう

コレ、あるある〜！

- 些細なことでイラつく
- 言葉で言い負かそうとしてしまう
- 怒って止まらなくなる

第2章　2歳児ママリアル

つい怒鳴ってしまう

ココから▶ 怒鳴ってしまって自己嫌悪

まだある トホホ… エピソード

- イヤイヤが激しいとき、自分がイライラしてひどいことを言ってしまいます…

みんなどうしてる？

- 一度深呼吸します。別の部屋に行って気持ちを落ち着かせたり…。
- 「ママ今、イライラしてるからね」と、子どもと自分にも言い聞かせています。
- エスカレートしないうちに、あったかい飲み物を飲むと心が落ち着きます。
- 子どものいないところでパンチ＆キック！
- イライラしてしまう時は、生まれた時や小さい時の写真などを見返す。

先生のドンマイコメント：舟山みどり先生（「怒鳴らない子育て講習」インストラクター）

怒鳴りたくなる状況になったら、子どもの行動を「実況中継」してみるといいですよ。客観的に見ることができ、自分も子どもも、ひと呼吸して少し落ち着きます。

\ 子どもとのこと /

------- お困りごとランキング  -------

叱り方が分からない

コレ、あるある〜！

・ダメって言っちゃダメだと聞くけど…
・言っても通じない気がする
・どこまで叱ればいいの…？

第2章　2歳児ママリアル

叱り方が分からない

まだある トホホ… エピソード

「ダメ！」って言っちゃいけないって本や講座で聞くけど、じゃあなんて言ったらいいの…？

お友達を叩いてしまううちの子。その都度「ダメよ」って言うんですが、一向に直らず、コレって叱り方のせい？

怒らないで育てましょう！と聞くけど、食べ物を投げてしまった時など、どのくらいの強さや言い方で注意したら良いのか、加減・線引きが難しい。

みんなどうしてる？

命にかかわること・危ないこと以外は様子をみるようにしています。

叱るときには、なるべく短い言葉で伝え、あとに引きずらないようにしています。

何度でも根気強く、なぜダメなのかを説明するようにしている。

子どもが聞いてくれない時は、その場から離して落ち着かせてから話します。

叱り過ぎたかな、というときはパパに優しく接してもらう。

📝 先輩ママの耳寄り話

わーっと叱ると、子どもは内容より叱られたことに反応するみたい。1回やってしまったことは諦めて、「次はやめようねー」「やって欲しくないなー」と落ち着いて声をかけるのが一番のようです。「ワー」っと声を出すより、「フー」っとため息をつくくらいがいいみたい。

叱り方が分からず悩んだ時に、保育士の先生に教えてもらった「叱り方のコツ」。結構うまくいったので、紹介しますね。

①しゃがんで	②目を見て	③手をとって

子どもと同じ高さで、触れながら語りかけると"ママがどうして欲しいのか"がより伝わりやすくなるそうです。
子どもに分かる言葉で、否定形ではなく、「ママはこうして欲しいな」と具体的に伝えてみましょう。

\ 子どもとのこと /

------- お困りごとランキング 第3位 -------

しつけの仕方が分からない

コレ、あるある〜！

・モノで釣っちゃダメ…?
・2歳ってどこまでできるべきなの?

第2章　2歳児ママリアル

しつけの仕方が分からない

まだある トホホ… エピソード

家に帰りたがらない時、アメで釣ったり、おやつを欲しがるのをDVDでごまかしたり…良くないと思いながら楽な方法を選んでしまいます。

甘やかしているような気持ちが強く、これでいいのかなぁ？と常に思っています。

テーブルに上がったり、靴を脱ぎ散らかしたり…その内できるようになるかな、と思ってたけど、他のママさんが叱っているのを見て、悩みました。

食事中にスプーンを投げる。一番やって欲しくないので、キツく怒るようにしてたら、気に入らないことがあった時や、かまって欲しい時に、わざと投げるようになってしまった。

「あっ！ダメ！！」と大きな声を出すと、息子が「うるさい！」と返してくるように。自分が息子に「うるさい！」といつも言っているように思われそうで恥ずかしい…。

 先輩ママの耳寄り話

・2歳だと言いたいことが伝わらないこともしばしば…。私も先輩ママさんから「2歳だとまだママが楽な方法をとってもいいんだよ」と言われて悩みが軽くなりました。

・社会のルールはみんなが気持ちいい場になるためのお約束。
　でも2歳はまだ成長の途中なので、まずは身近にいる私たちが「お手本になる」ことから始めたいですね。

・「躾」という言葉は着物を仕立てる時に必要な「しつけ糸」が由来と言われています。粗い縫い目で、ゆるくかけるしつけ糸がなければ服はきれいに仕上がりませんが、同時にいずれは取ってしまうもの。将来親から離れた時のための最低限のガイドラインができると良いですね。

 知ってる？豆知識

基本的生活習慣は何のため？

子どもの将来のために親がガッチリと身につけさせるもの？
→大人の行動をモデルとして、やがて自分でやりたがる。
→拙くても失敗しても、やろうと自己主張するし、やれることが喜びである。
　※この自発性・自尊心を尊重してこそ、自立への歩みの一環となる。
　※身辺生活が自立することで、子どもは大きな自由を獲得する。

（ミネルヴァ書房『発達心理学辞典』より）

もっと知りたい！しつけのこと

しつけのヒント

しつけや子育てには一般化できる正解はないので、その時々で「これでいいのかな」と悩みはつきません。いろいろな考え方を紹介しますので、ピンとくる「しつけ糸」を見つけてくださいね。

★子は親の鏡 ドロシー・ロー・ノルト「子どもが育つ魔法の言葉」より抜粋

子どもに対してあれこれ教え込むのではなくて、周りの在り方こそが子どもの育ちにも影響するという考え方です。

けなされて育つと、子どもは、人をけなすようになる
とげとげした家庭で育つと、子どもは、乱暴になる
不安な気持ちで育てると、子どもも不安になる
励ましてあげれば、子どもは、自信を持つようになる
広い心で接すれば、キレる子にはならない
誉めてあげれば、子どもは、明るい子に育つ
愛してあげれば、子どもは、人を愛することを学ぶ
認めてあげれば、子どもは、自分が好きになる
見つめてあげれば、子どもは、頑張り屋になる
守ってあげれば、子どもは、強い子に育つ
和気あいあいとした家庭で育てば、子どもは、
　この世の中はいいところだと思えるようになる

考えるキッカケにしてね

日本では「アメリカンインディアンの教え」で有名

★「甘え」と「甘やかし」の違い

	甘え	甘やかし
主体	子ども	大人
定義	心のエネルギーを満たす行動	大人の都合で子どもにやらせないこと
タイミング	心のエネルギーが不足して補充したい時	時間や労力をかけずに物事を済ませたい時
対処	求められたら応じましょう	子どもの力を信じて待ってみましょう

★「躾(しつけ)」と「虐待(ぎゃくたい)」、「褒美(ほうび)」と「賄賂(わいろ)」の違い

スター・ペアレンティングファシリテーター　佐々禮子先生

躾	虐待
子どもが自立する前の段階でルールとマナーを教えていくこと	大人側の都合のよい感情の結果、力によって言うことをきかせようとすること

褒美	わいろ
良い行動をしたことに対して、行動・行為が終わった後で与える。 例）「静かにすることができたね。じゃあこのお菓子を食べていいよ」	良くない行動に対して、その行動をしないように前もって与えるもの。(例)「このお菓子をあげるから静かにしていてね」これはずっと続けないということを聞かなくなります

「叩かず甘やかさず子育てする方法」
講師　佐々禮子先生(スター・ペアレンティングファシリテーター)

自他の感情を認め、視野を広げることで、子どもの人権を守るプログラム「スター・ペアレンティング」のダイジェスト。様々なゲームやワークの中で、新しい発見がありました。

Point 1　問題解決のキーワードは "STAR"

  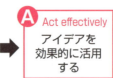 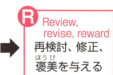

Point 2　5つのポイント

① 問題をさける
問題が起こらないよう未然に防ぐ。子どもの発達段階も見極めて。
①状況を変える②子どものストレスを減らす③代案を出す

② 良い行動を見つけ出す
意識的に良い行動に注目すると、良い行動が増える。悪い行動に注目すると、注目されたい時に悪いことをしてしまう。
①注目する②褒める③褒美をあげる

③ 感情を認める
質問したり、判断したり、否定したりせずに、まずは子どもの感情を認める。2歳児が体で表す感情を言葉で教えてあげる。気持ちを表す言葉を知っているとコミュニケーションがうまくなる。
①簡潔に聴く　②積極的に聴く　③空想で応じる

④ 限度を設ける
自分と他人の境界線を知るために適度な「制限」を子どもに教える。
①明確なルールを定める　②ルールを破ったときに結果を引き受けさせる③より良い方法を見つける

⑤ 新しいスキルを教える
例えばやめて欲しいクセがあった時、それに代わることを教えると、そのクセが消えてしまうことも。子どもがうまく対処できない時、実は対処法を知らないだけということがよくある。
①手本を示す　②具体化する　③間違ったら、正しくやり直させる

👉 こんな人におすすめ！

- ついカッとなってしまう
- 甘やかしすぎている気がする
- いけないと思いつつ、つい手が出てしまう
- 「こうあるべき！」と言う気持ちが強く、子どもを思い通りにしたい

Point3 自分を見つめてみよう

子どもが大きくなったら、何に、どんなふうになってほしいですか？

作成：佐々禮子

ご飯を食べることは大事 ＝1日くらい遅刻しても大丈夫

時間を守ることは大事 ＝1食くらい抜いても大丈夫

どちらもOK

↑健康第一派　　↑規律を守る派

★あなたが日々取り組んでいることを書き出してみましょう★

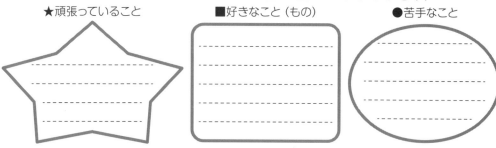

★頑張っていること　　■好きなこと（もの）　　●苦手なこと

もしも、なかなか良いところをみつけられないのだとしたら、誰かと比べていないか、完璧な結果を出そうとしていないか振り返ってみましょう。本当は、誰かと比べることも完璧も必要ないのです。

★気持ちや言葉を言い換えることもできます★

*他に思いついた言葉も書き出してみましょう

- 意見が言えない ➡ 争いたくない
- 興奮しやすい ➡ 情熱的
- しつこい ➡ 粘り強い
- こだわる ➡ 自分の考えを大切にする
- 断れない ➡ 相手を尊重できる
- せっかち ➡ 反応が素早い
- ずうずうしい ➡ 堂々としている

- 外面がいい ➡ 社交的な　協調的な
- おせっかい ➡ 親切な
- 空気が読めない ➡ 動じない
- 口がきつい ➡ 率直な　ありのままを表現できる
- 調子に乗りやすい ➡ ノリがいい　雰囲気を明るくする
- 生意気な ➡ 物おじしない　自立心がある
- ひねくれている ➡ 独創的な　信念のある

「CAPみやぎオリジナルワークブック」より

第2章　2歳児ママリアル

＼子どもとのこと／

お困りごとランキング 第8位

虐待しているのではないかと思う

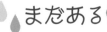
コレ、あるある〜！

・強く叱った後、ふと思う
・周りにそう思われているのではと思う

まだある トホホ… エピソード

お風呂で泣き止まない息子。通報されるのではと不安になる。

DVDやスマホを見せ過ぎ…？　これってネグレクト？

言うことを聞かない娘にイライラ！　つい強く腕を掴んでしまった。

イライラして隣の部屋に逃げたけど、泣き止まない子どもの声を聞きながら、間違えば虐待してしまいそうな自分を感じる。

知ってる？

いち　はや　く
1　8　9

189番に電話をすると、近くの児童相談所につながります。虐待の通報だけでなく、子育ての悩みの相談も受け付けています。

このくらいのことで電話をしてもいいのかな…。
　A. そういう相談はいっぱい受けています。お子さんの年齢別では2歳児の保護者の相談が一番多い年もありますよ。

匿名で相談できますか？
　A. 電話での相談は匿名でも可能ですよ。面談による継続的なサポートも行っています。

仙台市児童相談所に聞きました。詳しくは各児童相談所にご確認ください。

悩んだ時はひとりで苦しまないで自分の気持ちを話してみましょう。→P101「だれに、相談しよう？」参照

● 児童相談所全国共通ダイヤル　☎189　24時間365日対応
● 全国子育て・虐待防止ホットライン　☎0570-011-077　ナビダイヤル10〜17時 日曜、祝日休み

もっと知りたい！親子関係のこと

毒親ってナニ？

ちまたで言われている「毒親」って、いったい何なんでしょう？
大人になって"生きにくさ"や"心にいつも不安"を感じている人たちがいる。それは、**子どものため**と思って親がやっている事や、親との関係性に原因があるのでは？という説です。
子どもの心に毒のように染み込んでいく、見過ごされがちなよくある例としては…

世話をやく
「私が△△やっておいたわよ♪」

「○○ちゃんが●●すると大変だから…」と子どもの困難を先回りをして、少しでもトラブルにならないように整える。

↓

やり過ぎると？ 一例

すべてを人のせいにする大人に？就職しても上司からちょっと注意されただけで凹み、辞めてしまう…

注意する
「何度言ったら分かるの？」

「ダメじゃない！」「下手ねぇ！」「どうしてできないの！」と、否定的な言葉を言い続けてしまう。

↓

やり過ぎると？ 一例

「どうせ、私なんか…」
自分に自信がもてない、**自己肯定感が低い**人に…

励ます
「もっと頑張ってね！」

「○○ならきっとできる！」「諦めないで！」と、子どもの能力や希望を無視しハッパをかけ続ける。

↓

やり過ぎると？ 一例

進学や進路を親の言う通りにした結果、本当の自分の夢を叶えられてない**不満感**を胸に残し続ける。

任せる
「今は忙しいから、後でね〜」

「ちょっとあっちで一人で遊んでいてね」と、なかなか構ってあげられず、子どもは無視されてる感を抱える。

↓

やり過ぎると？ 一例

「もっと、遊んで欲しかった」「もっと、褒めて！」「もっと！●●」といつも欠乏感を感じてしまう…

導く
「ママの言う通りにしようね♪」

「あなたのことを一番分かっているのは私だから♪」と、本来は本人が決めることすべてのことに口出しをする。

↓

やり過ぎると？ 一例

決断力を失くす、親が気に入らないと、結婚相手さえ決められない…

子どものためと思ってやってることでも、何事も過ぎれば「毒」になる！？

ママがいないと、なあんにもできなかった赤ちゃんも、この世界に誕生して2年経つと、親と自分は別の人間だと分かってくる時でもあります（→P56「再接近期」）。つい、手出し口出ししたいし、しなきゃいけないことも多過ぎだけど、グッとコラえて"見守る"！
2歳児育児は親にとっても、子離れの第一歩。「ほどよい母親」（→P125）を心がけたいですね。

-75-

リアル○歳インタビュー

5歳リアル

（しんかんせんをたくさん描くよ）

はるくん
プロフィール：幼稚園年中男子

ママからひとこと

性格：
インドア派。好きなことをとことん追求するタイプ！大好きな友だちと一緒ならなんだってやっちゃう。折り紙が得意で、本の図を見て、カブトムシが作れます。

小さい頃の失敗談：
インドア過ぎて、児童館とかに行かなかったから、幼稚園前の思い出が少ないこと。

―ママはどんなママ？
😊 分かんなーい。おかあさん！

―ママのこと好き？
😊 ちゅっ。（ちゅうしたいくらい好きらしい（笑））

―ママとの思い出ってある？
😊 このオモチャ、赤ちゃんの時、買いたくて買いたくて、お母さんに買ってもらったの。3歳ぐらいの時。買いたくて買いたくてさぁ。もう無理だった。でもね、ママに買ってもらった！

―ママに怒られたりする？どんなことで怒られる？
😊 するー。ストーブにぶつかったり、うるさかったり、着替えが遅かったり…。

―折り紙が得意なんだって？
😊 うん。カブトムシとか作れるからね。ママに教えてもらう時もある。

―お父さん出張中なんだってね。お父さんいなくて寂しくない？
😊 寂しくなーい。

―じゃあママがいなかったら困る？
😊 困る！あっ、でもみんないなかったらやだ。泣いちゃう！

ママの感想☆

ママ大好きと体で表現するはるに全然相手してあげてないなぁと反省。私が忘れていたことも。子どもにはいい思い出だったり、「そんなこともあったなぁ」と感動しました。

8歳リアル

（ピアノとスイミング大好き♪）

ちぃちゃん
プロフィール：小学2年生女子

ママからひとこと

性格：
粘り強い。賢い。知恵がある。意外とひょうきん。負けず嫌い。アウトドア派だが、音楽好き。とにかく根性がある。人の気持ちを考えられる。自分の意見をはっきり言える。計画力・創造力がある。

小さい頃の失敗談：
よく叱ってたら、「危ない！」と注意したいだけの時にもビビって耳を塞ぐようになってしまった。一人遊びができる子だったので、ほっておいたら、小学生になって妙に甘えん坊。

―ママはどんなママ？
😊 いつもおうちで一緒にいる。お仕事の時はあんまり遊んでくれない。けど、お父さんの方が怒る。遊ぶとしたらお父さんの方が多いかな。公園とか連れてってくれる。

―ママとの思い出ってある？
😊 冬だったらスキーに一緒に行ったことが一番思い出に残ってるかも。

―自分のこと好きだなって思う？
😊 そんなに思わない。嫌いなところはそんなにないかなぁ。分かんない。

―ママの好きなところ教えて？
😊 面白いところ。例えば、スキーを履こうとした時に、スキー板が下にシューッて行っちゃった（笑）もう！って感じで、私が取りに行った。一緒にいると楽しい。

―ママにお願いってある？
😊 もうちょっと遊んで欲しい。最近はお仕事の手伝いをしてるけど。お米を研いだり、ゴマをすったり、いろんなできるお手伝いをしたし。

ママの感想☆

＜どんなママ？＞の最初のコメントが「ちょっと怖い」というのがちょっとショックでした…。自覚なかったかも。しかし、自分に都合が悪いことは言ってないなぁ…。

＊ママの希望により、「ちょっと怖い」のコメントは削除しました。

子どもってこれからどんな風に成長していくのかな？
2歳児よりちょっと大人なお姉ちゃん・お兄ちゃんに、突撃インタビュー!!

7歳リアル

体を動かすのが好きなんだよ

あーちゃん
プロフィール：小学1年生女子

ママからひとこと

性格：
頑張り屋さん、周りの人をよく見ていて、公平な意見を言う。何でもトライするのが好き！卵焼きは全部ひとりでできる。あとパソコンで絵を描いて、勝手にプリントアウト。

小さい頃の失敗談：
1歳半くらいの時、よく飲み物をこぼすので、イライラして「自分で拭きなさい！」って言ったら、シクシクしながらキチンと拭いていた…。

―ママってどんなママ？優しい？怖い？
😊 う～ん…。分かんない。

―ママのこと好き？
😊（恥ずかしいのか、でもしっかりうなずく。笑）。

―ママとの思い出ってある？
😊 たまにふたりでお出かけしたりする。ちょこっとみんなに内緒でケーキ食べたり…！

―ママに怒られることもある？どんなことで怒られる？
😊 あるよ。言われても言われてもあたしが理解しないから。

―ママにお願いってある？
😊 ドレスとか、そういうの作って欲しい。時々作ってもらうんだけど、嬉しい！

―お父さんにお願いある？
😊 春休みとか夏休みとか冬休みがあって欲しい。

―これからできるようになりたいことある？
😊 今はピアノしてるけど…体操したいなって思う。

ママの感想☆
少し恥ずかしいですね。小さい頃の思い出とか嫌だったこともズケズケ言うのは私に似たのかな…？もう少し目を向けてあげようと思う。

14歳リアル

ボーイスカウトをやっているよ

ともくん
プロフィール：中学2年生男子

ママからひとこと

性格：
素直。「ありがとう」と「ごめんなさい」が言える。繊細で活動的。緊張しい。論理的。決断力がある。物事を的確に捉える。再現する力（料理・バスケ）がある。笑顔がステキ。

小さい頃の失敗談：
寝ているのをそのままにして、車を離れた間に起きてしまって、恐怖で大泣きさせたこと。2歳の時に仕事で頭がいっぱいで、心を配れなかったこと。

―お母さんって、どんな人？
😊 口うるさいっちゃうるさいけど、友だちの親に比べると干渉し過ぎない感じで、ある程度自由にさせてくれるのでいいかな。

―お母さんとの思い出ってある？
😊 小学校の頃に門限を破って締め出されちゃって、それでめっちゃむなしくなっておじいちゃん家に行ったことがあります。反省はしたけど、それよりも追い出されたって言う事実の方がショックだった。

―小学校の頃もお母さん忙しかったのかな？
😊 仕事うまくいってなくて忙しそうにしてた。見てれば分かるって感じで（笑）。

―自分のこと好き？
😊 いや～微妙ですね。でもいいところを周りでちゃんと言ってくれる人は多いので、ここはできるんだ、という自信みたいなのはあるんですけど…。まぁ悪いことばっかり目立ったりもする（笑）。

―お母さんにお願いってある？
😊 いや～別にこのままご飯とか食わせてもらって生活できれば…。

―働いてるお母さんの子どもに言ってあげたいことってない？
😊 親のことを見て、しっかり我慢する時は我慢して、タイミングうかがえば大丈夫だと思います。

ママの感想☆
読ませてもらって、ホッとした。お互い気にかけあってる安心というか…、両想いなのが分かった感じ。同じ事実を子ども側のフィルターをかけたときに発見がある。面白い！

みんなも困ってるんだ！リアルランキング 2歳児ママ編

2. 自分自身のこと

1位 自分（趣味など）の時間が持てない →P79へ 65名

2位 時間に余裕がない →P79へ 59名

3位 自分のペースが乱されるのが嫌 →P81へ 57名

4位 47名 心に余裕がない
➡P98「ママの息抜き・リフレッシュ」へ

5位 45名 家事が思うようにできない →P81へ

6位 23名 子どもを介した人間関係が苦手 →P82へ

7位 22名 働きたいのに働けない
➡P84〜85「就活＆保活・起業リアル」へ

8位 21名 人に相談したり頼るのが苦手
➡P101「だれに、相談しよう？」へ

9位 18名 子育てが向いていないと思う →P94へ

10位 13名 体調不良 →P94へ

11位 11名 育児をしたいのに他のことに没頭してしまう

＼自分自身のこと／

お困りごとランキング 第1・2位

自分の時間が持てない・時間に余裕がない

コレ、あるある〜！

・アレもコレもできないと感じてイライラ！
・私の青春はどこへ？

第2章　2歳児ママリアル

自分の時間が持てない・時間に余裕がない

まだある トホホ… エピソード

娘が生まれてから年に1回しか美容院に行けません。自分が風邪を引いても病院にも行けません。

いつも体のどこかで、子どもに触っている感じ。抱っこやおんぶで体は休めない。

ぼーっとすることもできないと思うと、それだけで辛い…。

昼過ぎに起きて、スナック菓子食べてジャンキーな食事して、酒飲みたい。

パパばっかり自由にしていると感じる。

みんなどうしてる？

もはや諦め…。

お昼寝の時ひとりで布団においてもすぐ起きてしまうため、ソファに座り膝の上に寝かせながら、録画した番組や好きなTVを観る。

たまに保育所の一時預かりを使う。

昼間に思う存分遊ばせて、早く寝てもらい、夜に自分の時間を持つ。

幼稚園に入るまで、あと1年、あと何カ月と思って、今を楽しむようにしている。あと1年しかない！！と思うと愛おしく感じる。

📝 先輩ママの耳寄り話

- 1時間だけでも、一時預かりに預けて買い物に行きます！"自分のため"だけのリフレッシュの時間が持てると、子どもにも優しくなれる気がします。

- "おひとり様"は無理だったけど、ママ友とのおしゃべりや、子連れイベントなど、"自分が好きなこと"に子どもを巻き込んでやり過ごしていました。

→P98「ママの息抜き・リフレッシュ」へ

\ 自分自身のこと /

---- お困りごとランキング ---- 第3・5位

自分のペースが乱されるのが嫌・家事が思うようにできない

コレ、あるある〜！
- 本当は掃除したい所があるのに放置しっぱなし
- 遊びと最低限の料理だけで精一杯

みんなどうしてる？

 自分に時間ができるように早め早めに家事をするようにしている。

 家事が中途半端になるのは嫌なので、いかに早くできるか日々努力！娘に手伝ってもらう工夫も。

 合い間の時間を使ってちょこちょこ家事をするようにしています。完璧を求めない。

 お掃除は半分〜3分の2だけにして、自分の時間を少し取るようにしています。

 家事分担表を作って、自分がいかに家事をしているかパパにアピールしてます。休みくらいは手伝わなきゃと感じてくれているみたい。

 先輩ママの耳寄り話

子育て主婦の"三重苦"は「予定通りいかないこと」「終わりがないこと」「やっても当たり前、褒められないこと」だと手帳術の講座で聞きました。思い通りにいかず、四六時中突発的なことが起こるのが子育て。タスクを細分化し、少しずつでも達成感を得ていきたいですね。

第2章　2歳児ママリアル

＼ 自分自身のこと ／

・・・お困りごとランキング 第6位・・・
子どもを介した人間関係が苦手

コレ、あるある〜！

・ママ友さんと何を話していいか分からない
・子どものためにも友だちを作りたいけど…

まだある トホホ… エピソード

 学校や職場と違い、「ママ」というくくりは、全くバックグラウンドの分からない人との出会い。どこまで話を振っていいのか全然分からない。

みんなどうしてる？

 ママ友の集まりが面倒！と思う時もありますが、支障をきたさない程度でお付き合いしています。

 広く浅く。無理して会わない。

 人見知りで頼ったりすることが苦手だからこそ、いろいろな遊び場に足を運んでその場、その場で楽しんでました。

 子育てサークルに所属しています。近過ぎず、遠過ぎない距離感で、週一程度で交流ができるので助かっています。

📝 先輩ママの耳寄り話

プレママ仲間、育児サークル仲間など、気の合うママ友とだけ付き合えるのは、未就園児時代までだったなぁ、と思います。負担になるくらいなら、"子どものためのお付き合い"と割り切って、"友だちになろう"なんて意気込まなくていいと思いますよ。

「怒鳴らない子育て」

講師　舟山みどり先生（子ども虐待予防センター仙台　せんだいCHAP
「怒鳴らない子育て講習」インストラクター）

実情に即した具体的な躾のスキルを伝えるプログラム「怒鳴らない子育て講習」のダイジェストを、ロールプレイングを交えて学びました。

Point 1　子どもの問題行動を予防する〔予防的教育法〕

大人が子どもにおこなって欲しいことを**具体的に話す**	例）「こらーーー！ダメでしょ！」 言い換え例▶道路に飛び出しちゃったね。危ないから、いけないよ。道路の前で止まってね。大人と手をつないで渡るんだよ。
↓	
母子共に落ち着いている時に前もって練習する	家の中で道路を作って立ち止まる練習。「この線が道路だよ。止まれるかな？ピタッ！よくできました。じゃあ、手をつないで渡ろうね」
↓	
いざ本番。その行動が見られたら、**具体的に褒める**	やっぱり道路に飛び出してしまった。でも呼びかけると思い出して戻ってきてピタッと止まった。「今、やり直して、止まれたね！よくできたね！」とできた点を褒める。

ちょっと待って！

「この子には何度も同じことを言わされている！」と思ったら

- 「おこなって欲しい行動」を教えたかな？
- 子どもは、教えられたことを理解しているかな？
- 子どもが無理なくやれているかな？
- 繰り返し見せて、お手本になっているかな？

✦ ＜スモールステップが効果的♪＞ ✦

達成できる小さな目標を細かく分けて、成功体験を積み重ねるといいですよ

Point 2　大人も、具体的な例を想定して　練習（ロールプレイ）してみよう

「子ども虐待予防センター仙台　せんだいCHAP」では、2時間ずつ全6回の『怒鳴らない子育て講習』を実施しています。講習では具体的な場面を想定し、その時大人が何と言ったらよいかを考えて、口に出してロールプレイをします。ロールプレイを繰り返すといざという時に行動しやすくなりますよ。各地で行政の保健師さんや児童相談所などでも、インストラクターが講習を開いていますので、のぞいてみてくださいね。

> 怒鳴らない子育て　講習　　○○（地域名）　[検索]

＜近くで講習が開催されていない場合は＞
「怒鳴らない子育て講習」のエッセンスが詰まった書籍も出版されています。

Report

お困りごとランキング（自分自身）

2歳児ママの就活＆保活リアル

第7位　働きたいのに働けない

再就職までの高い壁

いざ働こうと行動し始めたときにぶつかる「高い壁。」
一度仕事から離れたママがまた働ける日は来るの!?

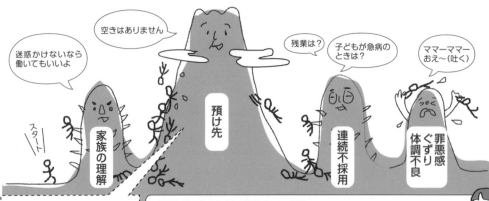

＜預け先をクリアしたママの話＞	＜子どもが2歳のときに就職したママの話＞
・平日は祖母、休日はパパに世話を任せて、アルバイト。 ・午後の一時預かり保育＋夕方から祖母＋休日保育の合わせ技。 ・認可外に預け給料はほぼ保育料に。次年度認可保育所or幼稚園に申込み。	【動　機】経済的に夫に頼りっきりの生活に違和感を感じた。子どもと二人っきりで追い詰められる気持ちも。 【保育所】派遣会社に登録、ハローワークに通い求職中の条件で運良くクリア。 【就　活】夫の転勤可能性や子どもの存在を理由に断られる日々。面接の度に一時保育を利用。何とか理解のある企業に入社。 【就職後】一年目は保育所から色々な理由で何度も呼び出しがかかり、同僚には迷惑をかけた。そんな時に元気をくれたのは子育てサークルのママ友。働いてからは、自分に少し余裕ができ、家族を大事にしたいと心から思えるようになった。

いつか働くときのために

これから始まる「壁」を乗り越えるために、自分の本音を見つめてみましょう！

なぜ働くの？	自分が働いた時の姿をイメージ	家庭の環境を整える	臨時の預け先を確保	「やりたい仕事」と「やれる仕事」を整理	就活スタート！
・自分の資金作り ・自己実現 ・社会との繋がり ・大人との会話 ＊あなたは？	・リスクや問題を想像する ・家族に起こる変化は？ ＊「想定内」を増やし、壁に立ち向かう準備を！	・家事の役割分担 ・夫、子どもの自立を促す ＊「ママじゃなきゃ」を減らす仕組み作りを。	・ファミリーサポート ・病後児保育、休日保育の登録や見学 ＊「セーフティーネット作り」を万全に！	どうしても働きたいなら、「やれる仕事」を探して、まず働き始めるのも一つの考え方です。働いた実績が次のステップにつながります！	

働き始めた時「こんなハズじゃなかった…」にたくさん遭遇します。やる気が有り余る方は、『出産前の自分』とのギャップにご注意を！同じ感覚での自己評価は厳禁。
働き始める前に【今の私・私の家族】の現状、環境、スキルの棚卸をし、「やりたい仕事」と「できる仕事」の区別をしっかりと考えましょう。育児期間で得た時間管理や分かりやすく伝えられる技術等、ママの最強スキルで就活アピール。
初めは助走期間と捉え【働き続けられるという実績を作る】事が信頼になります。家庭のマネジメントは家族を一番理解し幸せを願うmamaだからできると思います。

〈アドバイス〉◆眞野美加さん（一般社団法人ワカツクコーディネーター、子育て支援団体「新田mama＊café」「ママとシネマ実行委員会」代表）
妊娠出産を挟み飲食店に22年勤務。採用担当、人材育成　マネージャーとしての実績により現職へ。
「mamaのはじめの一歩♪」講師。

子育てを機に、違った働き方を模索するママも。
お小遣い稼ぎから、本格的な自営業まで
「やりたい！」を実現する、自分に合った方法は？

2歳児ママの起業リアル

子育ての「副業」として

フリマや手作りが好き！子どもとの時間を優先しつつ、色々挑戦中♪

経験者に聞く、気になるポイント

- **●ネットオークション（中古品）**　手間 ●○○／収入 ■■□／楽しさ ★☆☆
  出品料無料のサービスを使い、出品は簡単。
- **●リサイクルショップ（中古品）**　手間 ●○○／収入 □□□／楽しさ ☆☆☆
  ブランド品の美品でも買取価格はわずか(笑)
- **●フリーマーケット（中古品＋手作り品）**　手間 ●●○／収入 ■□□／楽しさ ★★☆
  「そこに居続けること」さえクリアできれば。
- **●店舗の委託販売（手作り品）**　手間 ●●○／収入 ■■□／楽しさ ★★☆
  子どもが小さい時は納品が大変かも。
- **●ネットの委託販売（手作り品）**　手間 ●●○／収入 ■□□／楽しさ ★★☆
  出品数が膨大だとなかなか辿り着いてもらえない(笑)
- **●イベント出店（中古品＋手作り品）**　手間 ●●○／収入 ■■□／楽しさ ★★★
  出店者同士のコミュニケーションが楽しい。
- **●講師・教室**　手間 ●●●／収入 □□□／楽しさ ★★★
  「楽しかった！」と言ってもらえるのがやりがい。

どうやって時間を作ったの？

子どもが寝ている時間は完全に自分の趣味の時間にすると決めました。掃除・洗濯・料理などは、子どもが遊んでいる時間にやるというマイルール。約2年かけて実行できるようになりました。

☺ **Yukariさん**

<プロフィール>小1の女の子、幼稚園年少の男の子のママ。長女の断乳後の1歳半以降、夜な夜な趣味のハンドメイドを再開。「華〜hana〜」と名乗って、ネット販売やイベント出店。最近、みんなで集まってアルバム作りをする「yukari's ALBUM CAFE」の講師も始めました。

好きなことを「仕事」に！

夢を持ち続けてカフェ食堂をオープン
家族ぐるみのチャレンジの軌跡

起業までのステップアップ

出産前	実務経験を積む 料理教室の店長をしていました
1歳半	近所の子育てひろばを見学（子育てひろば→P125）
	ひろばで手作りスイーツを提供
	お菓子作り教室を始める 最初は子育てひろばで月1回 その後、自宅で少人数で開催
2歳	運良く保育園に入園
3歳	隣町へ引越。夫の後押しもあって、新居でも教室を継続
5歳	震災　自宅は無事も、夫の勤め先は流される
小学生	カフェ食堂を開く 夫の仕事上の転機があり、退職し、自営の道を選択。1年半かけて物件を探し、オープンの準備。内装は夫が手がけ、店名は子どもが名付ける

子どもが2歳だったころ

とにかく動き回って手のかかるチョロスケでした。子育てひろばの遠足では、うちの子がいなくなって、みんなで捜索する事件も。抱っこしながら何かをするのはまず無理で、最初のお菓子作り教室も、お友達やボランティアさんと子どもが遊んでもらえたから、できました。

仕事をしている傍には子ども

保育園、幼稚園、小学校と、息子が帰ってきてからも、100％相手をしてあげられなかったという思いはあるけれど、そばにはずっといました。今も、放課後は店に来ます。2歳の時とは違って一緒に帰るまで一人で待ってくれていますよ(笑)

☺ **ようこさん**

<プロフィール>小5の男の子のママ。震災を経験し「いつかやりたいことは、今やってもいいんじゃないか」という思いが生まれました。
宮城県名取市で「Café食堂Laugh」を夫婦で経営。2階のLaughロッジは、お菓子作り教室「Sweet Vanilla」の開催に加えて、ママや地域の人達のイベント会場としても使ってもらっています。

Report　インターネットで追加アンケート

育児書を読んで落ち込んだらどうする？

育児書を読めば読むほど、ちゃんとできていなくて不安になったり、落ち込んでしまったり。
「ひょっとして自分だけ！？」なんて思うこともありますよね。
実際のところはどうなっているのか、ツイッターを使って現役ママを対象に調査を行いました。

Q1. あなたは、これまでに育児本や子育て情報サイトを見て、余計に心配になったり、落ち込んだりした経験がありますか？
（計1668票中 / Twitterにて調査）

> なんと1668人中、1168人が「ある」と回答。
> こんなに多くのママが、育児書を読んで悩んでいたんですね…。

Q2.【あると答えた方へ質問①】そうなった理由について、次のうち近いのはどれですか？
（計594票中 / Twitterにて調査）

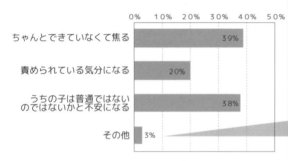

- ちゃんとできていなくて焦る　39%
- 責められている気分になる　20%
- うちの子は普通ではないのではないかと不安になる　38%
- その他　3%

「その他」ではこんなご意見も
- 実家や義実家には頼れない状況のため、「じいじ・ばあばに託児をおねだり♡」などの記述を見ると、腹が立ったり、落ち込んでしまう時がある…
- 育児書のアドバイスを実行できていても、我が子に合っているのか不安になる。
- ネットで調べていると、最悪の結果（病気の可能性や死亡事故など）ばかりが目について気が滅入る　など

> 「ちゃんとできていなくて焦る」「うちの子は普通ではないのではないかと不安になる」など、情報を得たことで、理想と現実のギャップに悩んだり、罪悪感を抱いたり、不安になってしまうことが多い様子。

Q3.【あると答えた方へ質問②】育児書を読んで不安になった時、どうやって解消していますか？
（計573票中 / Twitterにて調査）

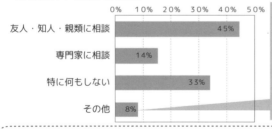

- 友人・知人・親類に相談　45%
- 専門家に相談　14%
- 特に何もしない　33%
- その他　8%

「その他」ではこんなご意見も
- インターネットを使って体験談を読み漁る。似たような人を見つけるとほっとする。
- ツイッターなどで悩みを共有する。
- とにかく情報収集！

> 身近な人に相談したり、ネットで悩みを共有するだけで、落ち着くことも多いみたい。それでも不安な時は、専門家（保育士・医師・カウンセラーなど）に相談！市役所等、近くの行政窓口に問い合わせるのも◎。

みんなの声　よくあるコメント集

- どうしたらいいか分からないうちに、子どもが大きくなっている。

- ネットで相談をすると、お説教をされたり、意地悪なコメントがついたり。悪意を感じて、嫌な気分になることも多い！

- 相談しても「分かっているけど、できないこと」を言われて落ち込む。

- 子育て情報共有サイトで、悩みを相談する。利用者は、同じく子育て中のママが中心だから安心できる！

- 色んな育児本を読んでみる。たくさんある説のうちの一つだと分かる。

- とにかく目の前の子どもを見る！子どもが笑ってたらオッケーだと思う！

- ママ友や、先輩ママに愚痴を言う。「理想通りなんて、無理だよね〜！」と言い合うだけで、気持ちがスッキリした。

- 10年前に「良い」とされていた子育て論が、今は「ダメ」となっていることも多いから、参考にはするけど、あんまり気にし過ぎないようにしている。

おすすめサイト…

ウィメンズパーク：妊娠・出産・育児の悩みや料理の口コミ満載
http://women.benesse.ne.jp/

妊娠・出産・育児の悩みや病院や幼稚園・保育園など転勤や引越しに便利な地域の口コミ情報、料理や家事のヒントが満載。ベネッセコーポレーションが運営する日本最大級の女性口コミサイト。

【#本当の育児書】タグまとめ 〜先輩ママの生きた知恵袋〜
http://togetter.com/li/479375

つぶやき共有サイト「Togetter」内のページ。ツイッターで投稿された、先輩ママの「ぶっちゃけ話」や、生の声をまとめたもの。育児書では語られない、実情に則したノウハウや、お世話のコツ、アドバイスを受けた時に落ち込まないための心構え等も掲載。子育て世代の間で、話題を呼んだ。

みんなも困ってるんだ！リアルランキング 2歳児ママ編

3. 子育ての環境

1位 子どもを預けられない →P89へ
35名

2位 経済的な不安がある →P90へ
33名

3位 近くに手伝ってくれる人がいない →P91へ
32名

4位 16名 近くに同年代の子どもがいない

5位 13名 家族に理解してもらえない ➡P94「サバイバル川柳」へ

6位 10名 近くに子どもと出かける場所がない ➡P99「子どもの遊び場」へ

7位 9名 世間・ご近所の目が気になる ➡P94「サバイバル川柳」へ

8位 7名 悩みを相談する相手がいない ➡P101「だれに、相談しよう？」へ

8位 7名 家族の関係に不安がある

＼ 子育ての環境 ／

---- お困りごとランキング **第1位** ----

子どもを預けられない

コレ、あるある〜！

・預け先がない
・子どもが嫌がりそう

まだある トホホ… エピソード

 子どもが悲しい思いをしたらどうしよう？と思ってしまい、なんとなく我慢…。

 以前預けた時に、ギャン泣き！もうあんな思いはしたくないし、させたくない。

 託児代が高いので、選択肢として考えられない。

 託児するところに連れていくまでが大変で諦めた。

 急に必要になると、預け先が見つからない。

胃腸炎にかかってしまった時、頼るあてもなく、私から離れない息子をどうにもできず、一緒にトイレにこもりました。

✎ 先輩ママの耳寄り話

・急な慶事があり、近所の友人にお願いしました。子ども同士も楽しく過ごせたようで、と〜っても助かりました。
　後日、〇時から〇時と時間を明確にして、その友人のお子さんを預かりました。

・実家が遠方なので、シルバーの託児ボランティアさんに"祖母に預ける"感覚で預けました。悩みを相談しても「大丈夫よ〜」とおばあちゃん目線で言ってもらえ、心強かったです。

第2章　2歳児ママリアル

＼子育ての環境／

お困りごとランキング 第2位

経済的な不安がある

コレ、あるある〜！

・かさむ出費に先行きが不安
・給料日前になると無用に子に当たってしまう

まだある トホホ… エピソード

 お金が思うように貯まらない。服やおやつ、どうしても出費がかさみます。

子どもが4人なのでこの先、大丈夫かなぁ…。

 とにかく認可保育所に入れない。今も無認可で、働いても保育料がかさみます。

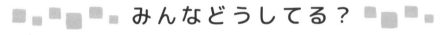
みんなどうしてる？

常に節約！子ども服はもっぱら育児サークルのおさがり会でGET！

 お金をかけなくても楽しめる公園や児童館、支援施設などで遊びます。

働き始める時期と理由を明確にし、「今はしょうがない！」と諦める！

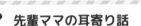 先輩ママの耳寄り話

同じ歳の子どもがいる友人と、1日おきに、3時間半のアルバイトをしました。バイトの日は子どもを友人に預け、オフの日は友人の子と我が子をみました。お金は貯まりませんでしたが（笑）、子どもがいても働ける喜びがあり、楽しかったですよ。

＼ 子育ての環境 ／

お困りごとランキング **第3位**

近くに手伝って くれる人がいない

コレ、あるある〜！

・自分ひとりで頑張っている気がする
・子どもを預かってくれる人がいない

まだある トホホ… エピソード

 義父母の体調が良くなく、自分も疲労で少し体調崩しがち。フルタイムで仕事をしているため、自分の事には全然手が回らない。

 パパが、ウンチのオムツは替えてくれない。

みんなどうしてる？

 転勤族で、近くに見てもらえる人がいないので、一時預かりの登録をしている。

 積極的に「ウチで預かるよ！」と言うようにしたら、「ウチも良いよー」と預けられるママ友が見つかりました。

 義父母の方が実家よりも近いため、気を遣うがお願いしている。特に子どもが病気で仕事に何日も行けない時、代わりにみてもらっている。

先輩ママの耳寄り話

社会とのつながりが薄れ、孤立を感じ、育児ばかりの日々を投げ出したくなることもありますよね。1対1だとキツイので、子どもが同じ年のママとよく愚痴ってました。

Report 「託児」ってどうなの！？

初めての託児体験に密着！

家族や友達には子どもを預かってもらったことはあるけれど、知らない人に預ける「託児」は未経験の桃子ママとアオイ君。自宅に託児ボランティア（託ボ）静枝さんに来てもらい、約２時間の託児を体験しました。

チャレンジャー	桃子ママ アオイ君（2歳）	託児協力	託児ボランティア こひつじる〜む

＜託ボはどんな人？＞一定の研修を受けた協力会員が、利用会員のお子さんを預かります。自分の子どもを連れて活動する場合もあります。

＜理由は何でもいいの？＞「ママが病院に行きたい」「仕事を休めない」「集中して家事をしたい」「飲み会に出たい」など様々なニーズにお応えしています。

事前打合せ　一週間前

緊急ではない託児は１週間前申込みが目安。事前に約束の説明や、預かる場所を確認。

託ボ Voice：①前日は、愛情チャージを満タンに②出かける時は見てない隙にいなくなるのではなく、必ず「行ってきます」③戻ったときは、「ごめんね」でなく「ありがとう」など、大事なポイントをママと確認します。

ママ Voice："泣いても大丈夫"などの説明をしてもらって、少しホッ。気になることを丁寧に聞きました。

当日　9:50

託児ボランティアの静枝さんが桃子ママの自宅に到着。部屋の説明、おやつの場所、危ない場所などを桃子ママから伝えました。

お別れ　10:00　 泣く

桃子ママ出発。「ママと一緒に行く！」と大泣きするアオイ君を静枝さんがしっかり抱っこ。手を振り払って逃げるアオイ君を心のままにさせて「そうだね」「よしよし」と声をかけながら、そばで安全を見守ってました。

ママ Voice：予想外の大泣きにびっくり。ちょっと罪悪感……。

託ボ Voice：気持ちを抑え込まず、リバウンド予防のためにも、泣きたい気持ちを出し切るのは大切ですよ。

遊び　10:30

静枝さんに心を許し始めたアオイ君。泣き止んだところで抱っこ。その後は、いろいろなオモチャで遊ぶところを得意気に見せてくれました。

お弁当　11:30

お待ちかねのランチタイム。ママが用意した弁当袋を嬉しそうに持ってきて、いただきまーす！

託ボ Voice：ママが用意してくれたおやつやお弁当は"＝（イコール）ママ"。見るだけで心の支えになり、食べれば心も満たされます。

「せっかくの機会なので、一番の趣味を！」一人カラオケで熱唱する桃子ママ。

その頃… ママはリフレッシュ

おかえり＆報告　12:00

絶好調で静枝さんと遊んでいたところに桃子ママが帰宅。「ママー！」と飛びついてギュッと抱き合う…ということはなく、ママを静枝さんとの遊びの続きに誘うアオイ君。再会の瞬間も人それぞれですね。静枝さんからレポートを渡し、不在の間の様子を伝えました。

ママ Voice：報告を聞いて、たくましく遊んでいた息子にホッ。他人から息子の様子を聞くことがないので新鮮で、褒めてもらって嬉しかったです。友達に頼むと御礼に悩みますが、託児だとそれもありません。自分の時間を楽しめて、その後息子にも優しくできたような…！？

もっと知りたい！託児のこと

託児のメリット、解説します

「託児＝子どもを預ける」ってムズカシイ（ハードルが高い）!?　家族や周囲の「子どもの世話は母親がするもの」というプレッシャーの中、よっぽどの理由がない限り、他人に任せるのは、「責任放棄？」、「後ろめたい？」気持ちや「罪悪感」を感じる。でも、心理学的には「子どもを預ける」ことは、ママにも子どもにも必要なんですよ♪

ママにとって… 自己回復と自己充足

ママが一人で子育てをしていたら？
子どもは24時間365日ひと時も休まず成長しています。心（脳）の成長にも「栄養」が必要。もしママがたった一人で「栄養」を与えていたら、ママが疲れ果てた時や心も空っぽになってしまった時、子どもの「栄養」も足りなくなってしまいます。

合理的な育児法の一つ
ママの心に潤いがあることが、子どもの心の成長の大前提。子どもに与える「心の栄養」をママの心にも蓄えることは、子育ての合理的な方法といえます。「自分のために使う時間」を持ちたいですね（→P98「ママの息抜き・リラックス」参照）。

子どもにとって… ママの笑顔を見つける

特別な存在「ママ」を複数の中から選べる
3歳までに特定の誰かと「愛着関係を結ぶこと」が必要と言われます。複数の人に気にかけられ、抱っこされ、オムツを替えられ、その中でたった一人からの無条件の愛を確信する。それが、これからの「人生を生き抜く心の支え」になるそうです（→P56「マーラーの分離」参照）。

泣かせることは悪いこと？
子どもが「泣く」のは、「不快（不安・疑念等）」を取り「快（安心・信頼等）」を得たいから。でも、いつも泣かない状態にするのが良いわけではありません。人は否定的な面と肯定的な面の葛藤の中で強い心が育つと言われています（→P57「エリクソンの発達課題ピラミッド」参照）。
ママと離れて「泣く」ことは、ママ（安心）が帰って来た時のより強い喜びにつながるのです。

その結果

「自分の時間」は「魔法の時間」

後追いをうっとおしく感じる自分が嫌だったけど、たった2時間おひとり様時間を持っただけで、お迎えのときに駆け寄ってくる我が子に愛おしさがこみ上げてくる不思議。2時間の魔法、お試しあれ！

基本的信頼感「人生は必ず何とかなる！」

人生の中でどんなに絶望の淵に立っても、必ず何とかなるという希望を捨てない強い心が宿ります。子どもを泣かせる祭もありますが、そんな願いが込められているのかも知れませんね。

まだまだあるある！気になること…！ × そんな時にはこの一句!! リアルママサバイバル川柳!!

細かいことや、ふとした時のこと、まだまだママのお悩みはそこらじゅうに…。
一挙公開！&『育児あるある川柳絵日記』でおなじみの志乃監修
"サバイバル川柳"であなたもひと息ついてみて！

💧…トホホエピソード
♥…みんなどうしてる？

子育てが向いていないと思う

「ママ失格？」悩んだ時点でママ合格！

- 💧 一緒に遊んでいても、気がつけばイライラしているし、子どもに申し訳ない。
- 💧 暴れる息子を見ていると、私はダメなんだと言われている気がする。
- 💧 気づいたら半日オムツを替えていなかった。荒れたお尻を見て反省…。
- ♥ 褒め方が分からないので、褒める言葉をパパと相談している。

世間の目が気になる

冷たい目マナーを守って気にしない！

- 💧 ベビーカーで電車に乗ると迷惑になりそうで出かけづらい…。
- 💧 イヤイヤ絶頂の娘。どんな子育てをしているんだ、と思われそう。
- ♥ 最近の親は…と言われたくなくてマナーある行動を心がけている。

トイレトレーニングどうしよう

トイトレを子どもに任せるママもいる

- 💧 うんちをオムツですると言い張る。
- 💧 園でママさえやる気になればすぐですよ！と言われ責任を感じる…。
- 💧 失敗続きでイライラ！
- ♥ 「ずっとオムツをする子はいない」と言われて気が楽に。

家族に理解してもらえない

「まあいいか」特例認めバランスだ

- 💧 義姉がちょくちょく遊びに来るので自分の育児方針が貫きにくい。
- 💧 毎日泣きながら2歳児と奮闘しているのに、主婦はいいねと言われる。
- 💧 まだオムツ？のひと言にイラっ。
- ♥ よくチョコをくれる義母。ばぁばの家は特別ね！ってことにしてる。

歯みがきを嫌がる

はがいじめやらなかったら歯がイジメ？

- 💧 はがいじめにして磨いていたら、みぞおちを蹴られた。
- 💧 フッ素を勧められるけど、体には悪くないの…？
- 💧 子ども用の口腔洗浄剤も利用。
- ♥ 10秒だけ！と言ってゆっくりカウントダウン。

心身の不調

「無理するな」言われなくてもそうしたい！

- 💧 2歳児のパワーについていけない。
- 💧 妊娠中で出血があり、抱っこしてあげられない。
- 💧 笑顔になれない。
- 💧 生理前のイライラを制御できない。
- ♥ 泣けるアニメDVDを娘と見る。

兄弟との関わり

けんかしたたたいた泣いた一緒寝た

- 💧 0歳の弟を押し倒したりする。
- 💧 お兄ちゃんのマネをして「ちんちん！」と言ったり歌にしたり…。
- 💧 姉と同じことをしたがりぐずって聞かない。
- ♥ 子ども同士に任せたらなんとか上手にできることも。

子どもの発達・発育

ネットには不安をあおる罠がある

- 💧 ことばの遅れが気になる。
- 💧 健診で体重が軽めと言われたけど、食も細く、どうしていいか分からない。
- 💧 ネットで調べたら低身長の情報があり過ぎてすごく不安に…。
- ♥ アレルギーなので食育に関して市の管理栄養士さんに相談している。

幼稚園どうしたらいいの

ママ友間人気の園へいざ出陣！

- 💧 2年保育？3年保育？？
- 💧 どこにするか決め手がない。
- 💧 プレって何？行かなきゃダメ？？
- ♥ 公園で会ったママさんに聞きまくった。
- ♥ 運動会の時にのぞきに行ってみました。
- ♥ いざとなったら、転園・キャンセルもあり！…らしい。

第3章

Enjoy!
サバイバルライフ

みんなで乗り切る！
2歳児子育てサバイバルヒント

うまくいかないことだらけのサバイバルな日々を、
ちょっとハッピーにできるかも知れない小さなヒント大集合！
第3章では注目のヒントを大解剖していきます♪

＊ヒントマークの説明　子ども向け　ママ向け

スキンシップ
・ハグをする
・なでなでする
・手をつなぐ
・手遊び
→P118〜119へ

経験する
・公共施設へ行く
・お手伝いをする

自分と子どもを認める
・子どもができるようになった事を書き出す
・褒める（自分のことも!!）　→P73へ
・困ったことの見方を変える　→P57へ

学ぶ
・ママの真似をする
・友達のやってることを真似る・やってみる
・やったことのない遊びをする

子どもの学び場は
→P99へ

子どもとの遊び
→P104〜111

思い切り遊ぶ
・歳の同じ子と遊ぶ
・歳の違う子と遊ぶ

食べる
・一緒におやつを食べる
・一緒に食事を食べる

こんなことが
できると楽しい！

子どももママも
まとめてハッピー♡

たまにはこんなことも
してみようかな♪

預ける

・家族に見てもらう
・一時保育
・ファミリーサポート
・託児ボランティア
・ベビーシッター

→P100へ

何もしない
・ボーっとする
・何も考えない
・子どもと一緒に昼寝

学ぶ
・子育て講座に行く
・本を読む
・ネットで調べる

息抜き リフレッシュ
・音楽をかける
・寝てる間に本・映画
・歌う・踊る
・甘いものを食べる
・出かける
・買い物・散歩・公園
・子連れイベント
・ママ会

→P98へ

デトックス
・ぐちを言う
・DVDを観て泣く・笑う
・おしゃべりをする

子育てサークルに
行ってみる！

実は、このページにあるヒントの
ほとんどは、子育てサークルで
経験できるんですよ！

→P112〜117

相談する
・先輩ママの知恵を聞く
・友だちの子育てを見聞きする
・行政・民間の子育て相談

→P101へ

第3章　Enjoy! サバイバルライフ

ママの息抜き・リフレッシュ

意外と思い通りにならない自分の気持ち。ちょっとしたことでもやってみることで気分転換に。自分なりの「やりたいことリスト」を作ってみるのもいいかも！

おうちで・・・

子どもが昼寝や夜寝ている間、何かに夢中になっている間にでも。(遊び・おやつ・TV・DVD・パンなど)

- だらっとTVを観る
- 好きな音楽を聴く
- お菓子・パン作り
- ハンドメイド
- ストレッチ・体操
- 掃除・片付け
- ネイル
- (鼻)歌を歌う
- マンガや本を読む
- ゲームをする
- スイーツを食べる
- コーヒーやホットドリンクを飲む
- ぼーっとする
- 寝る
- 花に水をあげる

子どもと一緒にお出かけ

- お散歩
- ショッピングモール
- 外食・カラオケ
  (ファミリー向け、キッズルーム付きなど)
- ドライブ・旅行
  (温泉宿の食事付日帰り入浴プランなども)
- ＊ママ向けの子連れOKのイベント
  ・アロマやマッサージなどの癒し系
  ・物づくり体験系
  ・ミニレクチャー系　マルシェ　手作り市
- ＊子連れOKの教室やサークル
  ・ヨガ、フィットネス、親子ビクス系
  ・料理、歌、コーラス　など

託児付きを探してみよう

有料だったり、無料だったり・・・

- エステ、美容室　・スキー場
- 講座　・習い事　・大型店舗
- コンサート、舞台　・バーゲン

子どもと遊んでくれる人と会う

子育て情報ももらえるかも

- 祖父母・親戚　・支援センター
- 友だち　・保育所(開放)
- 児童館　・子育てサロン(→P125)

子どもを預けてひとりになる

おひとり様時間を何に使う？

- 買い物　・ドライブ　・ひとりカラオケ
- 特別な食事　・映画
- 飲み会　・同窓会　・ミニ旅行
- ライブ　・自分磨き

ママの息抜き・気分転換のためにやっていることを教えてください。

 子ども達が寝てから、爪を塗る♡録画したドラマを観る

 ずばり買い物(買わなくても見るだけで満足)

 お風呂にゆっくり入る。お酒を飲みながら美味しいものを食べる

お役立ちリスト

ママも楽しい遊びを探そう！

子どもの遊び場・学び場

毎日毎日ネタが尽きがちな子どもとの遊び。
いつもの遊びがちょっと変わる場所や機会を活用してみてくださいね。

無料で行ける場所

- 公園
  （近所とか、たまに遠出するとか）
- 児童館
- 保育所
  （園庭開放や、地域の親子が参加できる活動・行事など。幼稚園でも参加可能なイベントも）
- 幼稚園のプレ　　※有料の場合も
  （月に数回入園前親子対象の教室を開いている園も多い。幼稚園の雰囲気を知るのに一番！）
- 図書館
  （靴を脱いで読書できるキッズコーナーや、読み聞かせ会などが定期的にある館も）
- 公共施設のキッズコーナー
  （美術館、文学館、市民センターなど）
- 公共施設の無料スペース
  （美術館の園庭など展示室だけ有料の場合も）
- 空港（飛行機の離着陸を見るだけで興奮）
- 牧場（ウサギ、ヤギなどに触れる牧場も）

有料だけど楽しさいっぱい！

- 体育館・プール
  （館内にキッズ向けの遊び場がある館も）
- 科学館
  （五感を使った体験型の装置を触って遊べるなど、穴場です）
- 動物園・水族館
  （年間パスポート購入して何度も楽しむのも GOOD。敷地も広く歩くだけでもいい運動）
- 遊園地（屋内・屋外）

各種イベントで遊ぶ

CMやチラシ、フリーペーパーなどで探してみよう。下記のほか、市民まつりや地域のまつりも気楽に行けますね。

- ショッピングモール
- 鉄道フェス、空港など交通系
- 住宅展示場　・　自動車ディーラー
- 大学などの子ども向けイベント

季節を感じて

- 春…野原（草・花・虫を探す）
- 夏…プール・水場のある公園・
  海・川・湖・お祭り・キャンプ
  （デイキャンプ・コテージ等）
- 秋…公園・森（落ち葉やどんぐり探し）
- 冬…スキー場
  （キッズゲレンデがあるスキー場も。そり遊び、雪だるまを作るだけでも）、雪が降った日に外に行く

習い事をしてみる

- スイミング
- 英語・外国語
- リトミック
- ピアノ・楽器系
- バレエ・ダンス・体操・スポーツ
- 芸術・創作
- 知育（ドリル、ブロック遊びなど）

第3章　Enjoy! サバイバルライフ

一時的な預け先

時には子どもと離れる時間をもってリフレッシュ。
近くに頼れる家族や友人がいなくても数々の預け先があります。

種類		特徴	資格・保険・費用の一例
一時預かり保育	認可保育所	国の制度に基づき自治体が管轄。保護者の出産・病気等の緊急時、パート労働等の非定型、リフレッシュなど、目的によって受け入れの優先度が変わる。	保育士。 日額2400円など
	認可外保育所	民間会社や個人などが運営する保育園や託児所などの「拠点型」の一時預かり。	保育士など。 1時間800円など
	子育てひろば (→P125)	国の制度に基づき自治体の事業として行われている子育てひろば施設で実施	保育士など 1時間600円～など
ファミリー・ サポートセンター		国の制度に基づき自治体が設置。子どもの預かりや送迎の援助を受けたい会員と、援助できる会員を、センターがマッチングする。	講習制。必ず補償保険に加入。 1時間600円～など
託児ボランティア または NPO等の保育 サービス		仙台市では過去に「託児ボランティア」を市が育成し、現在も登録制でHPに連絡先を掲載。「拠点型」と「派遣型」がある。	資格や保健は要確認 1時間700円～
子育てシェア AsMama		株式会社AsMamaが運営する制度。子どもの預かりや送迎の支援を受けたい会員と、支援できる会員を、ネットでマッチングする。	講習制。全支援者に損害賠償責任保険を適用。 1時間500円～
催しや店舗に 付帯する託児		集客のため、利用者負担費用は無料か低料金の場合が多い。	資格や保険は要確認。 2時間で500円など
ベビーシッター		民間会社個人などが運営する「派遣型」の一時預かり。	資格や保険は要確認。 1時間2000円など
児童養護施設の 「ショートステイ」		国の制度に基づき自治体ごとに施設に委託。保護者の病気・事故・冠婚葬祭・出張・夜勤などで子どもを一時的に養育することができない場合で、預け先が見つからない時に預かる制度。	保育士、児童指導員など 日額2750円など

～2歳児リアルアンケート結果より～

Q　一時預かりを利用していますか

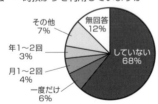

一時預かりを利用していないママも多いですが、ふだん利用する必要がなくても、いざという時に頼れるように、登録や見学などの備えをしておくと安心ですよ。
(P93「託児のメリット」も読んでみてね)

お役立ちリスト

たまった不安や不満を大処分!

だれに、相談しよう？

「話す」ことは、自分の中から「放す」こと。
思っていることや悩みを誰かに話すだけで、ずっと楽になりますよ。

Q 子育ての相談相手は誰ですか？

- 配偶者 97.6%
- 自分の親 95.5%
- 友人・知人 93.7%
- きょうだいや親せき 73.4%
- 夫の親 71.9%
- 保健師 60.4%
- 小児科の医師 52.6%
- 看護師・助産師 45.6%
- サークルの仲間 43.3%
- 夫のきょうだいや親せき 43.3%
- 夫と共通の友人・知人 40.9%
- 保育士・幼稚園教諭 37.9%
- 行政や民間の窓口 24.9%
- ネットの仲間 14.1%

ベネッセ次世代育成研究所「第2回妊娠出産子育て基本調査(2011年)」

初めての子育てが不安で、遠方の母に相談。「そういう時は保健所に相談するのよ」と言われ、電話をしたら、近くの助産院を紹介してもらった。訪ねたら、細やかに子育てのことを教えてもらい、自分の子育てのベースになった。

何もしてくれない夫への不満が募っていました。子育てサロン(→P125)で愚痴を言ってすっきりして帰ったら、まるで聞いていたのかのように、夫が手伝ってくれた。
もしかしたら、私のイライラオーラが夫を近寄りがたくしていたのかな…

深夜に辛くなって無料の電話相談にかけたがつながらなかった。ネットで色々調べて、調べた結果をネットに公開したら、同じ悩みを持つ者同士がつながってネット上で話ができた。自分ひとりじゃないと分かったら気持ちが軽くなった。

あなただったら誰に相談しますか？
- 自分に話す（日記・ひとり言）
- 家族や友人など、知っている人に話す
- 知らない人に話す（メール・SNSに投稿・電話・面談）

時には相談して落ち込むこともあるかもしれない。でも諦めないで。いろんな相談先があります。

子育ての専門家から、子育ての先輩まで、たくさんの人達が子育てを応援しています。
役所（母子保健・家庭福祉・教育）に☎すると、悩みに合った相談先を紹介してくれますよ。

- 保育所・幼稚園
- 児童相談所
- 発達相談支援センター
- 精神保健センター
- 地域子育て支援センター
- 児童館
- 民生委員児童委員
- 男女共同参画センター
- 社会福祉協議会
- 医師・助産師・カウンセラー
- TV・ラジオ・フリーペーパー等の子育て相談
- 育児用品店の子育て相談
- パパママライン
- 子育て支援ボランティア団体の子育て相談
- 虐待予防ボランティア団体の子育て相談
- ピアカウンセリング・傾聴ボランティア
- いのちの電話
- 自助グループ

※夜間等…小児救急電話相談#8000　いのちの電話（地域によって）
児童虐待ダイヤル189（24時間）→P74も見てね

Report
ご近所の子連れお出かけスポットを探したいなら?

「ママが作る中田おでかけマップ」

主催　仙台市中田市民センター
講師　伊藤千佐子先生(特定活動非営利法人せんだいファミリー・サポートネットワーク代表)

👍 こんな人におすすめ!
- 引越してきたばかりで、近くの子育て施設が分からないママ
- 住み慣れた土地で初めて子育てするママ

ママたちの「知りたい!」情報は、地元の先輩ママや現役ママに聞くのが一番!ママたちが企画・取材・発信する"情報"が、同じママたちに役立っていくという仕組み。仙台発で全国に広がりました。その元編集長が伝える講座から、マップが出来るまでの7か月間の流れを紹介します♪

5/27 情報をシェアする楽しさを知る

先輩ママと子育て支援機関がホスト役となった「子育て初めてママのためのWelcomeParty@中田」で、実際に地図を囲んで情報交換♪地図があると情報が具体的に。また、キッズコーナーにスタッフがいて、子どもと離れることの気持ちよさを体験。情報マップ作りや託児付き講座へのモチベーションアップ。

6/12 仲良くなる

子どもを別室に預けて講座に臨みます。体を動かすゲームや、自己紹介で初めてのメンバーが打ち解けていきます。

6/26 コンセプトを探す

伝えたいこと・調べたいことを、付箋1枚に1項目ずつ、思いつくまま書き出す(ブレインストーミング)。付箋を読みつつ模造紙に貼る。同じ意見を集めタイトルを付ける(KJ法)。「そうそう!と共感した」、「どんなマップが出来上がるかワクワクしてきた」という感想が。

7/10 コンセプトを決める

宿題の「伝えたいコトを探してキョロキョロしながら生活してみて、見つけたコト」を発表。身近にある"財産"を再発見して、みんなでシェア。そのうえで、「地区にこだわりたい」「乳幼児のママに届けたい」と意見の集約。

8/28 仕様を決める

どんなマップにするか?冊子か、パンフレットか。大きさは…マップの仕様を決めるため、イメージを持ち寄り発表。エリア・目的(基本情報や特集)が絞られ、予算やマンパワーを考えて発行時期や頻度を考察。

9/18 役割分担

仕様を元に取材・執筆の担当を決める。今回の特集テーマは、女子ならみんな心躍る「おいしい店」情報。基本情報には、「地域子育て支援センター」「児童館」「育児サークル」「行政窓口」、「市民センター」も!

9/25 取材報告・すり合わせ

前回で託児は終了。ここからは見守りスタッフがいる子どもと同室での会議。子どもと一緒の空間での会議はやり辛そうでも、子ども同士が顔見知りで安心することで、同室会議が可能なことを実感するママたち。取材報告しつつ、子どもがいてもできることを共有!

10/9 デザイン決め

デザイン担当のメンバーが、デザイン案を持参し、一気にボルテージup。案を見ながら、フォントの大きさを決め、原稿の文字数を決めていきます。

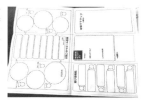

1/10 印刷・発行

印刷された実物を手に感慨深いメンバーたち。みんなで6ツ折をして、担当箇所に配ります。奥付に自分たちの名前が記された発行物を手にする喜びはひとしお。この達成感が意欲となり、すぐさま次号の企画が開始！

10月～12月 取材・制作

情報・意見交換しながら、紙面ひな形（テンプレート）を決めて取材、原稿を入稿、校正の繰り返し。乳幼児連れの取材は大変でも、時には子どもの存在は取材先を穏やかな雰囲気に。地元の人たちの温かい協力があってこその手作りマップです。予定の会議では終わらず、追加で自主的に集まり粘りました。

完成！

自分のまちの子育て情報を確認してみよう！

あなたの地域の資源をチェックしてみよう。
マップ作りを開催している施設があれば参加してみると、たくさんの情報をシェアできるかも!?

地域資源	名前	電話番号	日時・場所
児童館			
地域子育て支援センター			
保育所・園の地域開放			
一時預かり			
地区担当保健師（行政）			
民生委員・児童委員			
小児科			
助産院			
子育てサロン			
子育てサークル			
市民センター			
図書館			
体育館			
公園			
講座・イベント			

第3章　Enjoy!サバイバルライフ

みんなに聞いた！子どもとの遊び In door

雨の日や体調がすぐれない時…エネルギーいっぱいの2歳児と何して遊ぼう？
外に出られない時のママたちのネタ帳！

定番！ヘビロテ！
- ごっこ遊び ・積み木
- ぬいぐるみ ・絵本
- お絵かき ・手遊び歌

100均で揃う!? 定番おもちゃ
- ブロック ・風船
- ままごとセット
- ミニカー ・シールブック
- 折り紙 ・小麦粉ねんど

お部屋をゴロゴロ

窓の外の様子を見てみる

布団やシーツでバサバサ

体を使って遊ぶ
- 布団にダイブ ・ぐるぐる回る
- お部屋をゴロゴロ ・こちょこちょ
- 音楽に合わせてダンス ・お馬さん
- 狭いところに入る、隠れる

-104-

子育てサークルに聞いた！季節の遊び Season

四季の行事を子どもに楽しんでもらいたいけれど、何をどうしたらいいのか分からない。そんなママのために、子育てサークルで行っている活動を紹介！参考にしてみてくださいね。

春

4月 お花見
きれいな桜の下にシートを広げて、ママと一緒にピクニック！外でお弁当を食べるだけで楽しいから不思議。ボールやしゃぼん玉を持参して、桜の下でのびのびと外遊びも◎。

3月 ひなまつり
折り紙でお内裏様・お雛様を作ったものに、子ども達が顔を描くだけでOK！衣装を作り、並んで写真を撮るのも楽しいですよ。衣装のレンタルをしている子育て支援施設もあります。

母の日
ママの絵を描いて、スーパーなど母の日の絵を募集しているところへ持参。記念品をもらえるところもあり、子ども達が大喜び。

5月 こどもの日
画用紙でこいのぼりを作り、顔や模様を描きます。まだ小さくて上手にできない時は、シールを貼って「うろこ」を表現！

子どもとの遊び〈春 夏〉

夏

6月

父の日
家族のために頑張ってくれているパパの顔をカッコ良く描いてみよう！

おさがり会
新しい季節に何を着せようかと悩む時、おさがり会はとても参考になります。経済的にも大助かり！

7月

七夕まつり
笹を用意するのは大変。でも、模造紙や壁に、笹と短冊に見立てた色紙を貼ると、気楽に楽しめますよ。後片づけもラクチン！

スイカ割りごっこ
本物のスイカを使わなくてもOK！新聞紙を丸めて作った棒で、スイカに見立てたボールを叩くだけでも盛り上がります！お友達を叩かないように注意してね。遊んだ後は本物スイカを食べよう！

8月

夏まつり
ペットボトルとボールで「ボーリング」、段ボールに新聞紙のボールを投げ入れる「玉入れ」、風船にクリップをつけて「ヨーヨー」、ペットボトルを使った「輪投げ」、紙の「お面」など、家にあるもので作る出店を並べてお祭り気分を楽しみましょう。

さかなつり
ペットボトルのフタ、折り紙、子どもが描いた絵、印刷した魚の写真など、色んなものでお魚が作れます。魚にクリップを付けて、割りばしでさおが完成。

秋

9月

消防署見学
申込みをすると、救命講習をお願いできたりします。大好きな消防車を間近で見られるとあって、子ども達も大興奮！

敬老の日
おじいちゃんとおばあちゃんに「ありがとう」という気持ちのプレゼント。ハガキに絵手紙を描いて、そのままポストに投函！

10月

ハロウィン
ビニール袋で作ったマントに、画用紙で作った帽子をかぶって、小さな魔女やおばけに変身！１００円ショップでも揃います。お菓子を食べて「食欲の秋」を楽しもう。

どんぐり・落ち葉拾い
自然には宝物がいっぱい。拾ったドングリはしっかり冷凍で殺虫・熱湯消毒をしてから工作！「芸術の秋」を楽しんで。

運動会
そして「スポーツの秋」。よーいドンの「かけっこ」、袋詰めのパンをぶら下げて「パン食い競走」、段ボールのトンネルで「障害物競走」、段ボール電車競走、玉入れなど、アイデア色々！

11月

芋煮会
宮城・山形の秋の風物詩である「芋煮会」。近年では、他の地方でも行われるように。大きな鍋や材料を持ち寄って、河原やキャンプ場など野外でみんなで作って食べよう。芋煮会に必要なものがすべてセットになっているレンタルサービスもあるので要チェック。気軽に室内でも可。

子どもとの遊び〈秋 冬〉

クリスマス会
折り紙でクリスマスツリー、星、サンタを追って、部屋に飾るだけでも気分はクリスマス！色紙や画用紙で、一緒に靴下の飾りを作って吊るすのもおススメ。手作りの入れ物にお菓子を入れれば、プレゼントにも最適！

たこあげ・コマ回し
広い公園でたこを揚げたり、手先を使ってコマを回したりと、2歳児には少し難易度が高めだけど、見ているだけでも楽しい。

白玉だんご作り
ねんどのような触感を楽しみながら、ママと一緒にコネコネ。2歳児にも簡単！お餅に見立てて、お汁粉やお雑煮に。

節分
鬼の絵を壁に貼って、狙いを定めて的当て合戦！豆は折り紙を丸めたもの。中に本物の豆を包んだものを混ぜておき、途中でその秘密をバラして誰が一番多く見つけるのか競争するのも楽しい！ティッシュの空き箱を使った「鬼ポシェット」作りも、おもしろい。

雪あそび
冬と言えば、やっぱりこれ！公園などに出かけて、そり遊び、雪合戦、雪だるまや、かまくら作り。寒さなんて忘れちゃう！

第3章　Enjoy!サバイバルライフ

子育てサークルに行ってみる？

「子育てサークル」って聞いたことがあっても、何となく敷居が高くて、よく分からない。
でも実は、子育てサークルには「2歳児子育てサバイバル」のヒントがいっぱい詰まっているんですよ♪

子育てサークルとは？

同じ地域で子育て中の親子が、活動の場所や内容を話し合って決め、定期的に集まって、お互いの子ども達を遊ばせたり、季節の行事などを一緒に行っていくサークルです。

いつ、どこでやっている？

週に1回の午前中が多く、月に数回のサークルもあります。
集会所などを借りて活動していることが多いです。外遊びしやすい季節は公園で集まることも。

年齢は決まっているの？

サークルごとに年齢を定めていることが多いですが、赤ちゃんや、歩き始めて落ち着きがなくなる1歳、家の中でじっとしていられなくなる2～3歳など、何歳からでもOK！ママも子も、いろんな年齢と接して刺激になりますよ。

どうやって入るの？

役所や保健センターで教えてもらったり、児童館やスーパーなどにポスターがある場合も。公園で遊んでいて声をかけられたなんて話も。大抵、入会前に見学して、検討できます。

どんな感じなの？

サークルは、その年のメンバーによって、キビキビしていたり、ほんわかしていたり、盛だくさんだったり、まったりしていたり、雰囲気も内容も様々。見学するとイメージがつかめると思います。

「子育てサークル」「子育てグループ」「子育てサロン」の違いは？

「子育てグループ」は固定したメンバーで構成されていることが多く、「子育てサークル」は希望者が新規入会して、代替わりをして続いていきます。
主宰者が開催する「子育てサロン」(→P125) では、親子は参加者ですが、「子育てサークル」は自分達で運営するので、親子が主役。
「育児」と「子育て」という呼称の意味はほとんど同じですが、最近は「子育て」と呼ぶことが多いです。「育児サークル」は1980年代に保健師が子育て中のママ達に声をかけ、集会所の使用を町内会にかけあって始まったと言われています。

子育てサークル

子育てサークルの1日

実際の子育てサークルの進め方の一例を、のぞいてみましょう。
「朝の会」など毎回決まった活動と、その時々のお楽しみの活動を組み合わせた時間割になっているんですね。

10時30分

はじまり
名札を付け、出欠カードにハンコやシールを貼ります。

朝の会
円になって座り、一人ひとり名前を呼ばれて、お返事「はーい！」。

体操
音楽をかけていつもの体操。初めに体を動かすと子ども達はご機嫌に。

「朝の会」お返事は、元気よく！

今月の○○
月ごとの手遊びや季節の歌を歌います。スケッチブックに歌詞を大きく書いておくのも○。

今日の絵本
絵本の読み聞かせ。家からお気に入りの本を持ってきたり、大型絵本や紙芝居を図書館で借りる時も。

「体操」ママにとってもいい運動に♪

11時～

今日の活動
担当のママ達が季節の行事や定番の遊びを企画。ある日の活動は「シールペタペタ会」。2歳でも上手に貼れます♪

11時30分～

おやつタイム
片付けて手を洗い、着席。お兄さんお姉さんの真似をして、できる子もできない子も「みんなで、どうぞ、いただきます！」

「今日の絵本」聞いてる子も、そうでない子も…

11時30分～

フリータイム
「ごちそうさま」の後は、ママ達がお話をする側で、子ども達は自由遊び。時にはオモチャの取り合いなどもあるけれど、お互い様で。

11時45分～

お帰りの会・お片づけ
「さようなら」の手遊びや歌を歌って、連絡事項を話したら解散。みんなで掃除、片付け。

さようなら
サークルが終わった後も、公園や児童館で遊んで帰ることも。

「おやつタイム」みんなで食べるとおいしい！

第3章　Enjoy!サバイバルライフ

こんなにある！
子どもにとっての11のメリット

発達心理学・幼児教育の観点からも、効果が注目されています！！

1　週1回の活動が「安心」
「日課」などの決まった流れや、毎週何曜日は同じ時間・同じ場所で遊ぶことが「分かる」ことが子どもは安心する。ママも毎日の疲れをデトックスする時間が週1回あるともうひと踏ん張りできる。

2　同じメンバーで「愛着」
2歳児にとって「友達」とは、最初は「敵対」関係にあり、次第に「仲間」として認識し、「愛着」を持ち始める。いつも一緒に遊ぶ友達の存在は、社会性へのステージアップをスムーズにする。

3　同じ進行で「自己肯定感」
「同じ流れ」は、見通しがつき、まるで「自分が思っている通りに事が進む」ような「万能感」を感じて、「自己肯定感」を育む。

4　たくさんのまなざしで「信じる力」
親以外の大人からの「まなざし＝慈しみ・好感・お世話」をたくさん受けることで、「人を信じる」「世界を信じる」力を持つ。

5　一緒に踊る・歌う・聞くことで「社会性」
2歳児の初めは「一人遊び」が主。次第に「群れる＝社会性」を持ち始める。集団で同じことをする経験は、「まだできなくて当然」だけど、次へのステップになる。

6　たくさんのママから教わる「多様性」
サークルでは「みんなの子ども」。時には他のママに叱られる経験も必要。「叱られること」は「行動を正されること」で「自己否定ではない」など様々な感覚を持てる。

7　ダイナミックな遊びで「発想力」
「新聞ビリビリ」や「泥んこ遊び」「手型・足型で大きなお絵描き」など、家では躊躇してしまう遊びも、みんなでならできる。子どもにとって、散らかしても汚しても「制限されない」遊びは、自由な「発想力」を育む。

8　「マナーや習慣」が身につく
「家」では思うようにいかないことも「公共の場」ではスムーズにいくことがある。友だちと一緒に「挨拶」「おやつの前に手を洗う」「座って食べる」「片付ける」ことが楽しく行え、できたことで「気持ちよさ」を感じる。

9　ママのそばで遊ぶ「安全地帯」
「自立期」といっても、まだ母と分離（→P56「母の内在化」参照）が終わっていないので、母が見える「安全地帯」で安心して遊ぶことは、この時期大事なシチュエーションとなる。

10　叩いたり・叩かれたりする「経験」
2歳では自我のぶつかり合いは必然。泣かれたり、嫌な気持ちを繰り返し、感情のコントロール、相手を思い遣れるようになる。人間関係のネガティブな体験は、親の手元でしておいた方が良い。ただし、善悪で懲罰せず、我が子の気持ちに「共感する」だけに。

11　「コミュ力」の会得
コミュニケーション能力は、言われて頭で理解するものではない。多くの関わりの中で「気づき」「学び」、多様な場面での振舞い方を体得する。親は子どもを群れに投じ、静観する心構えが必要。

「2歳児の遊びのヒミツ」
講師　伊藤順子先生（宮城教育大学　教授）

地元の子育てサークルが登壇し、活動風景の動画や、会場のキッズスペースで子どもが遊んでいる姿を、幼児教育学・発達心理学の見地から先生に解説していただき、子どもの世界を垣間見ました。毎週同じことを繰り返すサークル活動の効果や、自由にのびのび遊ばせることの大切さも教えていただきました。

子育てサークル

経験者に聞きました！
ママにとってのイイこと&心配事

子育てサークルに入っているママ達のリアルな声をご紹介！
よくある素朴なギモン、不安に思ってしまうことも聞いてみました。

A美
3歳の男の子のママ。転勤族。まだまだ続くイヤイヤ期に日々奮闘中。幼稚園探しが最大の悩み。

B奈
双子のママ（二人とも2歳の女の子）。何でも手作りしちゃう頑張り屋。てもできれば一人になりたい。

C子
2歳児含む3児のママ。出産を機に退職。子どもは好きだけど、自分の時間が作れないことにモヤモヤ気味。

Q なんでサークルに入ろうと思ったの？

A美： 気分転換かなぁ。こっちに引越て来たばかりで、友達がいなかったし。

B奈： うちは双子なので、家事と子どものお世話が大変！双子のママが集まるサークルがあると聞いて入りました。先輩ママの役立つ情報がとてもありがたいです。

C子： 私は上の子が小さい時に誘われて入ったの。二人目が生まれてもそのまま続けてました。ひとりではできない遠足とか、季節の行事もみんなでやると楽。

Q サークルに入ってみてどうだった？

C子： 自分の子だけじゃなく、週1回会える子たちの成長を一緒にみられて楽しい！苦手な工作や手作り関係を、他のママに手伝ってもらえて助かってます（笑）。

B奈： 前は午前中ずっと家で二人っきりだったけど、今は他のママも一緒に子どもをみられるから、気持ちが楽になる。

A美： 気持ちに余裕が生まれたせいか、前の、ずっと一人で我が子と向き合っていた時より、子どもと向き合う時間が増えた。

Q 生活のリズムに変化はあった？

A美： 午前中に集まることが多いから、朝早く起きられるようになった（笑）。

B奈： 前は予定がなくて「今日はどうしよう？」って途方に暮れてたけど、サークルがあることで、週に一度、遊ぶ予定ができて、外出する機会が増えました！

C子： 家にいると鬱々としてきちゃうから…。外に出て誰かと会うことで気分転換になるし、アクティブになれたと思う。

Q 育児サークルで友達はできた？

A美： 交友関係を広げることができた。引越で不安だったけど、無事友達ができました～！

B奈： 人を誘ったり誘われたりするのが苦手なので、場所と時間が決まっているのが良かった。近すぎず、遠すぎない、いい関係のママ友ができました。

C子： 毎週会うので、たくさん共通の話題もてきて嬉しい。小さな悩みも気軽に話す相手ができてすごく助かってます。

Q 人づきあいが苦手で入りづらい…

A美： ほどよい距離感で付き合えるのも、子育てサークルの魅力。合わないな？と思った人とも、それなりの距離感でお付き合いができます。

C子： 一人で輪の中に入りづらいなら、友達と一緒に行ってみるのもいいかも。

Q トラブルの事例は…

C子： リーダーや役割分担などを決める時に、やりたい人がいなくて困ったことはある…。

B奈： 活動中に万が一、事故などのトラブルが起こった時のための「ボランティア保険」に加入しています（年間800円～1,000円くらい）。

第3章　Enjoy!サバイバルライフ

子育てサークルの作り方

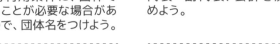

子育てサークルの仲間は、後々中学校まで続く子育てのセーフティネットになるのだそうです。もし、生活圏(学区)になかったら、自分たちで作っちゃいましょう♪

① 発起人を3人集める
自分を含めて3人いれば、団体っぽくなる。

② サークル名を決める
会場利用条件に、団体であることが必要な場合があるので、団体名をつけよう。

③ 役割分担をする
代表・副代表、会計を決めよう。

④ 活動場所(会場)を探す
町内の集会所や市民センター(公民館)、コミュニティセンターなど、住民や市民が活動に使える施設がいろいろあるよ。管理組織によって借りる方法が様々なので調べてみてね。

⑤ 活動日時・会費を決める
会場の空き状況と自分たちが集まりやすい曜日を合わせ、活動曜日を決定。会場使用料、活動経費(お菓子代、制作材料費等)で、会費の額を決めよう。

⑥ 活動計画を立てる。
おおまかに年間の活動計画をたててみよう。タイトル(テーマ)だけでOK。変更もありだから、ざっくりと。

平成30年度　活動計画
毎週金曜日10:30～12:00
たいはく集会所　和室

4月	6 はじめましての会 13 お花見会 20 こいのぼり作り 27 お誕生日会	10月	5 運動会ごっこ 12 お下がり会 19 ハロウィンごっこ 26 お誕生日会
5月	11 母の日のお絵かき 18 公園でシャボン玉遊び 25 お誕生日会	11月	2 野菜スタンプ 9 消防署見学 16 どんぐり拾い 30 お誕生日会
6月	1 歯科衛生士さんのお話 8 父の日のお絵かき 15 お下がり会 22 サクランボ狩りごっこ 29 お誕生日会	12月	6 クリスマス制作 13 クリスマス会 20 お誕生日会
7月	6 七夕会 13 風船遊び 20 OG交流会 (幼稚園情報) 27 お誕生日会	1月	6 新年会 13 お正月遊び 20 保育士さんと遊ぼう 27 お誕生日会
8月	3 水遊び 24 スイカ割り 31 お誕生日会	2月	7 豆まき会 10 バレンタイン制作 17 雪遊び 24 お誕生日会
9月	7 防災訓練 14 敬老の日のプレゼント 21 お月見会 28 お誕生日会	3月	3 ひなまつり会 10 小麦粉粘土 17 卒園制作 24 卒会 31 お誕生日会

子育てサークル

⑦ 会則を作る

会場使用料が減免になったり、各種提出に必要になるから作っておこう。

```
「ひよこの会」会則

(名称・所在地)
第1条 本会の名称は(           )という。
第2条 本会の所在地は、代表宅とする。

(目的及び活動)
第3条                (           )を活動の目的とする。
第4条 前条の目的を達成するため、次の活動を継続的に行う。
  1. 毎週1回程度集まる
  2.
  3.

(会員)
第5条 会員の対象は、本会の目的に賛同する個人とする。

(役員及び任期)
第6条 本会に次の役員を置く。
  1. 代表 1名
  2. 副代表 1名
  3. 会計 1名

第7条 役員の任期は(   )年とする。ただし、再選は妨げない。

(会費)
第8条 会費は、月額(   )円とし、(           )に会計に納める。

附則
  この会則は    年   月   日から実施する。
```

⑧ 仲間を集める

②③⑤と連絡先を明記してチラシを作成。チラシは役所や近くの児童館、郵便局、スーパー、小児科等に置いてもらおう。
仙台市の場合、区役所家庭健康課で登録すると市のHPに情報公開され、健診会場の掲示板にチラシ掲示できる。住んでいるマンションや町内会の掲示板に貼ってもらえるようお願いするのも一案！

```
育児サークル
ひよこの会

毎週木曜日にみんなで集まって
季節の遊びなど親子で楽しんでいます♪
ぜひ、一緒に遊びましょう〜
（見学OK！）

日 時：毎週木曜日10：30〜12：00
場 所：さんかく集会所
対 象：未就園児の親子
会 費：月300円
連絡先：代表 仙台たい子
       090-●●●●-●●●●
```

⑨ 活動を準備する

会場を予約、子どものオモチャや制作用に風船、折り紙、シール、模造紙等を買う。会費を管理する出納帳やポーチも必要だ！全部100円ショップでも揃うよ。

⑩ 活動スタート！

開始時間より少し早く会場に着いたら部屋の鍵を開けておく。
みんなが集まってきたら、始めよう。子ども達を自由に遊ばせながら、初回は、会議と言う名のおしゃべりを。会費を集めて、次回どんな風に遊ぶかを考える。そうやって何回か会ってるうちに、だんだん形になっていくよ！

七夕手遊び歌

子どもは歌と踊りが大好き！おうちで、サークルで、みんなでやってみよう！歌の中に出てくる七飾りは、七夕祭りで有名な仙台の代表的な飾りで、子どもの成長への願いが込められています。

 sing キラキラ星のメロディーで…

＊きらきら　笹飾り
　杜（もり）の七夕
　短冊（たんざく）　折り鶴
　紙衣（かみごろも）　着せて

　　＊繰り返し

　吹けば流る
　投網（とあみ）を　たぐり
　巾着（きんちゃく）　締めて
　ちりは　くずかごに

　　＊繰り返し

　学（まな）びて　健（すこ）やかに
　厄（やく）なく　伸びやかに
　技（わざ）　幸（さち）多く
　富（と）むも　倹（つま）しく
　きらきら　笹飾り

　七つの　願い

きらきら　ささかざり

もりのたなばた →	たんざく →

手をひらひら（キラキラを表す）	手を合わせて（短冊を表す）

ふけばながる →	とあみを →

両手で筒を作って吹くマネ	投げるマネ

まなびて →	すこやかに →
（お子様とご一緒に！）	
おでこに手を当てて	手で円を書き健康を願う

とむも →	つましく →
腰に手を	手をひざに

さらに詳しく

You TubeでＡ動画を公開しています。

「太白区育児サークル応援隊　たい子さん動画チャンネル」

七夕手遊び歌　YouTube　検索

-118-

七飾りと、その意味。

学問上達	健康	裁縫上達／厄除
短冊	折鶴	紙衣

学芸上達	豊漁／多幸	富貴／無駄遣いの戒め	倹約／物を大切に
吹き流し	投網	巾着	屑籠

おりづる → かみごろも → きせて ＊繰り返し

- 手を開いて（折り鶴を表す）
- 開いた手の片手を戻す
- 両手を戻す（衣を表す）

たぐり → きんちゃく → しめて → ちりは くずかごに ＊繰り返し

- 戻す
- 手で丸（巾着の形を表す）
- 手をギュッと閉める
- 両手を後ろに

やくなく → のびやかに → わざ さち → おおく

- 両手をつないで
- 手を引っ張る
- 手を上に
- 手を離してほっぺをさわる

きらきら ささかざり → ななつのねがい

- 手をひらひら（キラキラを表す）
- お子さんをつかまえてギュッとしてください

-119-

2歳児の子育て「イイこと」チェックリスト

困ることは毎日いっぱい。でもママだから分かる、良いこともいっぱいありますよね。
最後は「イイことチェック」をしてみてください♪

お子さんの良いところは？

好きなだけチェックしてください！

- ☐ 活発
- ☐ 穏やか
- ☐ 好奇心旺盛
- ☐ 優しい
- ☐ かわいい
- ☐ 健康
- ☐ 頑張り屋
- ☐ しっかり者
- ☐ 気がきく
- ☐ 面倒見が良い
- ☐ 賢い
- ☐ 面白い
- ☐ 癒し系
- ☐ 素直
- ☐ 純朴
- ☐ 挨拶ができる
- ☐ 絵本が好き
- ☐ 行儀がよい
- ☐ 大らか
- ☐ 社交的
- ☐ 集中力がある
- ☐ 慎重
- ☐ 動じない
- ☐ 手がかからない
- ☐ 我慢強い
- ☐ 愛嬌がある
- ☐ 記憶力が良い
- ☐ 明るい
- ☐ 独創的
- ☐ よく食べる
- ☐ よく寝る
- ☐ よく笑う
- ☐ よくしゃべる
- ☐ よく遊ぶ
- ☐ できる事が増えた
- ☐ 聞きわけが良い
- ☐ 運動神経が良い

子育てをしていて良かったと思うことは？

□ 愛おしい存在ができたこと
□ 親である自分が子どもにとって大切な存在であること
□ 子どもの成長を感じること
□ 子どもの笑顔が見られること
□ 子どもに合わせて穏やかな生活を送れること
□ 健康的な生活が送れること
□ 友だちや仲間ができたこと
□ 家族の関わりが増えたこと
□ 自分や家族が成長できたこと
□ 世界が広がったこと
□ 自分の子孫を残せたこと
□ 子どもの成長を親族・周囲が喜んでくれること
□ ひとつの尊い命を守り、培っていくことへの誇り・充実感

次ページからはアンケートランキング発表！⇒

こんなに見つけたイイところ

お子さんのイイとこ ベスト10

1	かわいい！	113名
2	面白い！	100名
3	よく笑う！	95名
	よくしゃべる！	95名
5	できる事が増えた！	94名
6	優しい！	90名
7	活発！	88名
8	健康！	86名
9	よく遊ぶ！	85名
10	愛嬌がある！	83名

(154名中)

もっと言わせて！

・歌が上手！

・好きな事に対する集中力がすごい！

・不思議な動きをすることがあります。見ていてププッて思います。

・弟を愛おしそうになでなでしてくれます♪

・2歳のイヤイヤ期で大変ですが、この欄にチェックをしていると、子どもの良いところなど再確認できて、子どもと一緒にいられる喜びを改めて感じることができてよかったです。

・悩みながらの育児ですが、良い点のほうがスラスラと出てくるとこを見ると、子育てって楽しいなと感じていることに気づきました。

・改めて愛おしく無償の愛を感じました。2歳前後から「イヤイヤ」「ダメ」と始まりますが、上の子（兄）を育てている中で2〜3歳時期はとっても可愛い時期なのだと考えさせられました。大変な分、可愛いいんでしょうね。

・2歳児っておしゃべりが上手になり分かってるかと思うと、まったく理解してなかったり、まだ小さいと思ってたら、意外と自分の考えを持っていたりしてびっくり。1人目の子育ては夢中で気づかないことが、2人目、3人目になると面白いなぁと感じるようになりました。

子育てをしていて良かったと思うこと ベスト10

1. 愛おしい存在ができた　132名
2. 子どもの笑顔を見られること　128名
3. 子どもの成長を感じること　126名
4. 子どもの成長を親族・周囲が喜んでくれること　94名
5. 親である自分が子どもにとって大切な存在であること　80名
6. 自分や家族が成長できたこと　71名
7. 友だちや仲間ができたこと　61名
8. 世界が広がったこと　53名
9. 家族の関わりが増えたこと　49名
10. ひとつの尊い命を守り、培っていくことへの誇り・充実感　48名

(154名中)

もっと言わせて！

・親のありがたさが分かる。自分もこんなことをして困らせたり、苦労させたことを子どもを通して痛感。

・子育てや出産の経験を通じて、人に優しく接することを学べていること。

・これまで持ち得なかった価値観を持つことができた

・どんなに疲れていても苦しいときがあっても、やっぱり愛おしいこと。失うことのできない存在です。子どもがいることで、主人とも「家族」になれました。

・夫婦2人の世界（仕事中心で休日グータラ生活、自分時間を楽しむ）だったのが、子どもがいるという別の世界が見えたこと。夫婦だけだったら気付きようもなかった

・自分が生きている意味、やりたいことを与えてくれた。娘が生まれたことで自分のやりたいことがハッキリし、それに向けて地味ですが努力しています。

・私が鉄道好きなので、子どもがいるとイベントに行きやすく、子どもも楽しんでくれて嬉しい。キャラクターのミュージアムとかも、行けて楽しいです。私が子どもなのかもしれません。

・以前より、今のほうが本当に楽しいと感じるし、大変だけど周囲の人たちに恵まれていて、子どもものびのび育っているかもと実感しました。

・子育てはとても大変だけど、改めて自分は子どものことが大好きなんだと実感できました。とても大切な存在です。

・普段何気なく過ごしていましたが、振り返ってみると成長を感じます。子育ては自分にとっても成長する素晴らしい機会と思っているので、もう一人育てたいと願ってます。

この言葉の意味は？

育児の専門用語って初めて聞く言葉も
多いですよね。ひと言補足です。

◆用語編◆

★attachment（愛着）
アタッチメント
<P22 で詳しく紹介>

乳幼児と特定の人物との間に作られる愛情、絆、基本的信頼関係のこと。特定の人物は一人とは限らず、両親以外でもよい。この特定の人を拠り所とする信頼関係が形成されると、成長とともに自己信頼や自立心へと繋がっていく。

★癇癪
かんしゃく
<P21 などに登場>

子どもが環境や成長に伴って起こす表現法の一つ。多くは自我が芽生え、「やりたい！」事をうまく伝えられない2歳前後から始まり、叩いたり、暴れたり、大声で泣いたりする。成長に伴い気持ちをコントロールできるようになる。

★子育てサロン
<P98・101・112 に登場>

地域の集会所などの身近な場所で、子育て中の親同士が子ども達を遊ばせながら、情報交換をしたり仲間を作ったりする子育て交流の場のこと。メンバー自身が運営していることもあれば、地区の福祉委員や民生委員が行っている場合もある。

★子育てひろば
<P28・85・100 に登場>

乳幼児が子ども同士遊べ、その親同士も交流することができる常設の施設。乳幼児と2人きりになるといった「密室育児」による孤立や不安を軽減することが期待されており、地区町村からの委託で運営されることが多い。

★託児
<P38、P92・3 などに登場>

保護者に代わって、一時的あるいは継続的に子どもを預かり、身の周りの世話をしながら、一緒に遊ぶなど、保育をすること。

★ほどよい母親
good enough mother
<P75 に登場>

ドナルド・ウィニコット（1896～1971、イギリスの小児科医・児童心理学者）が提唱する論。完璧な母親・子育てではなく、適度にいい加減でごく当たり前のことを献身的に行う方が望ましい。自然体で、適度に失敗をする子育ては、多くの子ども達にとって、むしろ人間らしく健全に発達・成長を育む、とされる。

◆人物編◆

★エリクソン
<P57 に登場>

エリク・H・エリクソン（1902～1994）
20世紀アメリカの発達心理学者、精神分析家。「アイデンティティの概念」や「エリクソンの心理社会的発達心理論」を提唱したことで有名。

★ガレノス
<P34-6 で詳しく紹介>

ガレノス（本名不詳、129年頃～200年頃）
ローマ帝国時代のギリシャの医学者。古代における医学の集大成をなした。

★マーラー
<P56 で詳しく紹介>

マーガレット・S・マーラー（1897～1985）
20世紀ハンガリーの精神科医、精神分析家、児童心理学者。発達心理学に関する多くの理論を発表。

-125-

この本を読み終えたあなたへ

いかがでしたか？
あなたのお悩みのヒントは見つかりましたか？

育児って正解はないんですよね。
見つかった人も、見つからなかった人も
ただ、確かに分かっているのは、この本を手に取ってくれた時点で
あなたが今一生懸命頑張っているということ。
同じように頑張っているママ達がいて、あなただけじゃないということ。

ひとりで抱え込まずに、いろんな人の手を借りていいんです。

赤ちゃんの時期がすでに懐かしいように、
この一番大変な2歳児の時間が、
いつかあなたの宝物になりますように。

　　　　　　　　　　　　2歳児の子育てを楽しむ本　制作委員一同

編集後記

ママのママによるママのための育児本作りを終えて

制作委員会は地域の集会所などで集まり、各々が持てる力を出し合い、担当の枠を越えて制作してきました。子ども達は託児ボランティアの皆さんに見守っていただき、安心して作業することができました。

ふっと、亡くなった母に見せたいと思います。この年になっても親の喜ぶ顔が見たい。きっと小さい子ども達も同じ。ネタには困らなかった我が子たち。君達がいて私がいます。ありがとう！おすすめは子どもとの遊び（P104-7）。

えり

3年間という壮大な計画を終えて、制作委員のみんなとは、なんだかずっと昔から一緒にいるような感覚です。意見を出し合うことでよりブラッシュアップしていく理論にワクワクしました。おすすめは、マーラー（P56）かな〜♪

ゆきこ

娘が2歳の時の日記帳を読み返しながら作りました。家で作業中、娘が真剣に読み、手伝ってくれて嬉しかったです。家事をさぼりにさぼっているのを見逃してくれた？夫にも感謝。おすすめは、「毒親（P75）のページ。気をつけなきゃ…。

ゆうぼう

全く経験のない本作りで全てが新鮮でした。自分が担当したページは悩みつつ何度も修正しただけあって、愛着があります。細かな作業するのも楽しかったです！おすすめは仕付け糸の話（P70）と「2歳児危険リアル」（P58・9）です。

みぃちゃん

試行錯誤の内に過ぎ去る乳幼児親子の「今」と、子育て支援専門家の「普遍」的知識を、この本でシェアし合えたら嬉しい。お勧めは挿絵。本作りは夢だったので皆様に感謝。自分の母、全ての親に感謝の念が沸きました。

ゆみ

制作に初めて参加した時には2歳だった娘も、4歳に。メンバー全員、育児をしながらの活動で、紆余曲折がありました（笑）。私のお勧めは「育児本を読んで落ち込んだら」（P86-7）のページ。この本も、気楽に読んで頂けると嬉しいです。

志乃

本の作成が始まった頃、3人目を授かり、作業は家族が寝静まった夜中に。体調管理に苦労しましたが、あるあると共感しながら楽しんで行えました。オススメはズバリ！まだあるトホホエピソードです。

みゆき

制作中に息子がイヤイヤ期を迎え、次から次へと本の内容が実体化。実感のこもった絵を描くことができました…。編集が終わってしまい寂しいです。息子を連れ出し作業時間をくれた旦那に感謝。オススメはP94の川柳！

Ranko.n

コンセプト作りの半年間だけの参加でしたが、目指した「横から目線」で「リアルママの声」満載の一冊となり、感謝と喜びでいっぱいです。イチオシは「気質論」（P34-6）のページ。「それもこの子の個性か」とほっとします。

まどか

途中参加で自分にできることは何か常に模索する日々…。でも、温かく熱意あるメンバーに恵まれ、本が形になっていくのを見るのは、とても素敵な経験でした。おすすめは働くママ（P84-5）です！

さゆみ

～伊藤先生へ～

最後に、この本を作るにあたり、私たちが信じる「育児サークルの力・親や子どもにもたらす効果」について、理解と称賛をくださった故伊藤順子教授に感謝とお悔やみを申し上げます。
どうぞ安らかに…

SPECIAL THANKS!

本づくりに協力してくださった皆さま

<講座を開催してくださった先生方>
伊藤順子先生、越中康治先生、猪岡久子先生、舟山みどり先生、佐々禮子先生

<取材協力>
ピンクとブルー、こひつじキッズ、ミンティキッズ、ラッコの会、さくらんぼ会、かたつむりの会、てんとう虫の会、ポンポコリンの会、ぴょんぴょんの会、ぴょんぴょんの会プチ、とんとんの会、ジェミニの会。
＊中田市民センター、後藤さん、naka＊ma、伊藤千佐子先生、眞野美加さん、mayumi＊さん、Yukariさん、ようこさん、仙台市児童相談所

<協力>
小柳明子先生、ねんぶつあきとしさん、まさ子さん、洋子さん、英恵さん、奈穂子さん、佳奈子さん、まやかさん、晃子さん、＊利商印刷　佐藤さん（営業）、大友さん（制作）
＊太白区家庭健康課、佐野係長、浅野さん、八巻さん、相原さん、佐藤さん

<託児ボランティアの皆さま>
友紀さん、誠さん、登紀子さん、裕子さん、真紀さん、美子さん、静枝さん、啓恵さん、みゆきさん、しのぶさん、優子さん、絵梨子さん、まゆ子さん、さや子さん、教子さん＆ゆあちゃん、愛さん＆たくみくん、たえ子さん＆はるくん、「わらべっこ」さんそして、ママに付き合ってくれた子ども達＆協力してくれたパパ達！

★STAFF★

執筆・構成・編集／えり、ゆきこ、ゆうぼう、みぃちゃん、ゆみ、志乃、
みゆき、Ranko.n、まどか、さゆみ
装丁／志乃
本文デザイン／志乃、大友ゆきえ（利商印刷）
イラスト／Ranko.n、志乃
取材／みぃちゃん、えり、ゆきこ、ゆみ、Ranko.n、志乃
データ修正／桜中絵美
編集デスク／ゆうぼう

現役ママ10名による横から目線の育児本

2歳児サバイバルライフ

2018年3月12日　第1刷発行

編著	2歳児の子育てを楽しむ本 制作委員会 With 太白区育児サークル応援隊たい子さん

編集人	江川 淳子、諏訪部 伸一、野呂 志帆
発行人	諏訪部 貴伸
発行所	repicbook（リピックブック）株式会社 〒353-0004　埼玉県志木市本町5-11-8 TEL/ FAX　048-476-1877 http://repicbook.com
印刷・製本	株式会社シナノパブリッシングプレス

※本書は平成26年度〜28年度の「仙台市太白区まちづくり活動助成事業」
　及び「2016年度上期こ〜ぷほっとわ〜く助成金」の助成を受けて制作し
　ました。

※本書の無断転載・複写を禁じます。インターネット、モバイルなどの電子
　メディアにおける無断転載ならびに第三者によるスキャンやデジタル化も
　禁止いたします。

※乱丁・落丁本は、小社送料負担にてお取り替えいたします。
　この作品を許可なくして転載・複製しないでください。
　紙のはしや本のかどで手や指を傷つけることがありますのでご注意くださ
　い。

© 2018 repicbook, Inc.　Printed in Japan　ISBN978-4-908154-10-2